세계 유아음악 교육과정

세계 유아음악교육과정

ⓒ 이영애, 2015

초판 1쇄 펴낸날 | 2015년 2월 28일

지은이 | 이영애
펴낸이 | 이동국
펴낸곳 | (사)한국방송통신대학교출판문화원
　　　　110-500 서울시 종로구 이화장길 54
　　　　전화　02-3668-4764
　　　　팩스　02-741-4570
　　　　http://press.knou.ac.kr
　　　　출판등록　1982년 6월 7일 제1-491호

출판문화원장 | 권수열
편집 | 마윤희 · 이민
편집 디자인 | 티디디자인
표지 디자인 | 예진디자인
인쇄 · 제본 | 삼성인쇄(주)

ISBN　978-89-20-01506-9　93370

값　18,000원

세계 유아음악 교육과정

이영애 지음

에피스테메
EPISTEME

누군가 이 세상에서 가장 사랑하는 것이 무엇이냐고 묻는다면, 물론 하나님이나 가족 등 신적, 인적 보물을 빼고 생각한다면 나는 주저 없이 음악이라고 이야기할 수 있다. 생각해 보면 집에서 음악소리가 끊이지 않았던 아주 어린 시절, 아니 태내에서부터 음악은 내 인생에 깊숙이 자리매김하고 있었다. 그러한 까닭 때문인지 돌고 돌아서 결국 유아음악교육에 대한 공부를 하게 되고 학위논문 연구를 위해 전국의 유아교사들로부터 유아음악교육 실제에 관한 현장의 목소리를 들었을 때, 속히 고국으로 돌아가서 유아음악교육 발전을 위해 조금이나마 보탬이 되어야겠다고 결심한 것이 벌써 7년 전 일이 되었다.

유아교육 내 타 학문영역에 비해 유아음악교육 연구의 역사가 짧고 교육과정 설계나 정책연구 부분에서 활발한 협력연구가 미진하였기 때문에 참고할 만한 연구나 문헌들의 필요가 절실하다. 더욱이 세계 여러 나라의 유아음악교육과정에 대한 비교교육학적 논의는 쉽게 찾을 수 없는 가운데, 이 책이 세계의 다양한 유아음악교육에 대한 체계적인 정보를 제공할 뿐만 아니라 우리나라의 유아음악교육과정에 대한 심층적 통찰을 위한 기초 자료로 사용될 수 있으리라 생각한다.

최근 국제음악콩쿠르에서 한국 음악가들이 대거 수상하면서 세계는 다시 한 번 한국의 음악교육과 음악문화에 대해 주목하기 시작하였다. Bowman(2008)은 한국은 일생을 통해 노래 부르기가 매우 중요한 행사의 일부이며 많은 사람들이 노래 부르기에 익숙하다고 *MEJ*(*Music Education Journal*)에서 밝힌 바 있다. 사실 미국에서 유학 시절, 대학 부속유치원에서 음악을 가르친 경험과 초등학교 음악수업에 정기적으로 참관한 경험을 비추어 볼 때 우리나라 담임교사들의 음악적 소양과 재능은 매우 우수한 편이다. 그뿐만 아니라 유아교사의 음악교육에 대한 학구열 역시 서양에 비해 월등하다는 사실이 학위논문을 통해 밝혀진 바 있다. 그럼에도 불구하고 100여 년의 유아교육 역사에 비해 유아음악교육에 대한 관심과 연구의 역사는 그리 길지 않다. 다행히 최근 증가하고 있는 유아음악교육에 대한 관심을 반영하듯 유아음악교육 관련 프로그램과 연구가 쏟아져 나오고, 교육과정 개편과 교사용 지도서에서도 과거에 비해 음악의 비중이 높아졌다. 그러나 여전히 현장의 교사들은 유아교육 현장에서 어떠한 내용을 포함시켜야 할지, 최소한 유아교육기관을 졸업할 때까지 어떠한 음악적 요소들을 유아들이 갖게 되어야 하는지 혼란스러워한다. 이는 선행연구를 통해서도 알 수 있지만, 대학원에서 현직 교사들과 함께 수업하면서 쉽게 발견할 수 있는 부분이다.

타고난 음악적 재능과 우리 사회의 문화적 배경 그리고 유아교육에 대한 사회적 관심과 교육열을 고려해 볼 때 우리나라의 유아음악교육의 미래는 기대할 만하다. 물론 유아음악교육에 대한 체계적인 관심이 시작된 지 얼마 되지 않았고, 교육과정 개정 시 유아음악교육 전공자들이 주도적으로 참여하지 못한 연유로 유아음악교육과정에 대한 보다 심도 있는 고려가 미흡한 것도 사실이다.

우리의 무한한 음악적 잠재력을 발전시키기 위해 현재의 우리를 점검하는 것뿐 아니라, 세계 여러 나라의 유아음악교육과정이 어떻게 구성되어 있으며 어떠한 내용을 강조하고 있는지, 어떠한 체계로 이루어져 있는지 살펴보는 것은 의미 있는 시작이 될 것이다. 특히 최근 미국의 음악교육표준이 1994년 이후로 20년 만에 개정되었고 우리나라의 유아교육·보육과정이 통합된 누리과정이 개정, 시행되고 있는 현 시점에서 세계 유아음악교육과정을 살펴보는 것은 매우 시의적절한 주제라 생각된다.

모든 나라들이 우리나라처럼 유아기 교육과정(누리과정)이 독립적으로 개정, 시행되고 연령별로 구분하여 교육과정을 제시하거나 중앙정부에서 전국을 대상으로 교육과정을 제시하는 것은 아니다. 때로는 지방분권적인 교육과정을 제시하거나, 학령 전과 학령기로만 구분하여 제시하고, 교육과정의 형태보다는 국가수준의 표준을 제시하는 경우도 많다. 따라서 이 책에 수록한 나라들을 우리나라와 일대일 비교하는 것은 무리가 있으며, 오히려 세계 여러 나라의 유아기 음악교육과정의 전체적인 내용, 경향을 살펴보기 위한 안내서로 이 책을 활용하는 것이 적절하다.

이 책에서는 각 나라마다 학제가 어떻게 이루어지는지 이해를 도울 수 있는 간략한 설명과 함께 각 나라의 교육부에서 제시한 국가표준이나 교육과정 중 유아기 음악에 관한 내용을 추출하여 살펴보고자 하였다. 당초 계획은 각 대륙의 대표적인 나라들을 조사하려고 하였으나, 영어로 된 교육과정을 시간 내에 구하지 못하여 아프리카와 남미 그리고 유럽에서도 주요 나라들이 빠진 것은 매우 안타까운 점이다. 아쉽게나마 문헌연구를 중심으로 각 나라의 교육부 혹은 지방자치단체에서 제시한 자료들을 기준으로 정리하였다.

이 책의 첫 번째 집필 목적이 국내에 많이 알려지지 않은 세계의 유아음악교육에 대한 기초 정보로서 유아음악교육과정을 소개하고자 함이므로 각 나라의 교육부 혹은 교육과정을 발표한 자료들을 홈페이지를 통해 일차 자료를 수집하고 그 나라 유아음악교육 관계자를 통해 자료를 확인하거나 국가교육과정정보센터(NCIC)에 공개된 일부 나라들의 학제나 교육과정을 비교하여 자료를 수집하였다. 그리고 수집된 자료 중 취학 전 유아교육 시기에 해당하며 음악이 포함된 교육과정을 발췌하여 번역하였다. 이 책은 교육과정을 비교 분석하는 단계까지는 이루어지지 않았고 유아음악교육과정에 해당하는 내용 전문을 번역하고 그 내용의 특징을 정리하였는데, 유아교육과정 전체를 보고자 하거나 번역에 있어 어색하거나 이해가 어려운 부분은 각 나라마다 제시한 참고 사이트를 방문하여 원문 전체를 읽어 보는 것도 도움이 되리라 생각한다. 같은 단어라도 나라에 따라 조금씩 다른 의미로 사용한 경우가 있는데, 예를 들면 Preschool이 5세 미만의 유아학교를 의미하는 경우도 있고, 5세에 해당하는 취학 전 유치원을 의미하는 경우도 있다. 따라서 각 장마다 용어 정리를 통해 해당 나라에서 사용한 단어의 의미를 정리하였다.

세계의 초·중·고등학교의 음악교육과정을 비교하거나 유아교육과정 을 비교한 문헌은 있었으나 유아음악교육과정을 비교한 문헌은 현재까지 찾기 힘들었기 때문에, 유아음악교육에 대한 관심과 발전을 위한 고민의 시작에 조금이나마 이 책이 보탬이 되길 바란다.

이 연구를 수행하는 데 여러모로 애써 준 여혜진 선생님과 학술도서 출판을 지원해 준 한국방송통신대학교에 감사를 표한다.

2015년 2월
대학로 연구실에서 이영애

X 호주의 유아음악교육과정

 XI 한국의 유아음악교육과정

I 미국의 유아음악교육과정

1. 서론

북아메리카 대륙에 위치한 미국은 50개 주로 구성되어 있으며, 따라서 교육 정책 및 교육과정 구성부터 학제에 이르기까지 주별로 독립적으로 운영되고 있다. 즉, 미국의 교육은 연방정부에 의한 중앙집권제가 아닌 지방분권제로서 각 주마다 다양하게 운영되고 있다. 교육 권한이 주에 이관되어 있기 때문에 교육과정을 구성하고 결정하는 것은 각 주정부에서 관할하며, 주의 여건과 상황을 고려하여 교육과정을 제시하고 있다. 따라서 미국 전체의 교육과정을 대표할 수 있는 내용을 살펴보는 것은 어려운 일이라고 할 수 있다. 그러나 학계와 민간교육자들의 차원에서 국가수준의 교육표준(National Standards*)이 각 학문영역별로 제시되기도 하고 이러한 국가수준의 교육표준은 각 주의 교육과정 구성에 중요한 지침이 되기 때문에 국가수준 교육표준을 살펴보는 것은 의미 있는 일이다.

이 장에서는 미국의 유아음악교육과정을 살펴보기 위해 먼저 최근 전미음악교육협회(NAfME, 구 MENC)에서 발표한 2014 국가공통핵심예술표준을 살펴보았다. 이 국가표준이 전 주에 공통적인 국가수준 예술교육표준이기는 하지만 자발적인 표준이며 연방정부가 아닌 음악교육협회에서 발표한 내용이기 때문에 미국의 유아음악교육과정을 대표한다고 볼 수 없어 캘리포니아 주와 콜로라도 주의 유아음악교육과정을 함께 살펴보았다. 국가공통핵심예술표준은 전미음악교육협회에서 홈페이지를 통해 발표한 문서 중 유아교육과정에 해당하는 부분을 발췌·번역하여 제시하였고, 캘리포니아 주(2001)와 콜로라도 주(2009)의 유아음악교육과정은 캘리포니아 주와 콜로라도 주 교육 담당부서에서 공개한 홈페이지 자료를 번역하여 제시하였다.

 용어 정리

- PreK: 5세 미만인 유아학교 혹은 유치원, 유아원에 해당하는 연령. 본문에서는 2세에서 4세까지로 제시하였다.
- K: Kindergarten의 약자로 5세 연령에 해당하며 공교육이 K학년부

---

* standards는 교육 내용에 기준을 제시한 것으로 교육과정과 혼용하여 사용한다. '기준'이나 '규준'으로 번역되기도 한다.

터 시작되기 때문에 유치원이지만 초등학교 학제 안에 있다. 준 1학년
이라고 할 수 있다.

- Elementary school: 초등학교
- Secondary school: 중고등학교
- 전미음악교육협회(NAfME, 구 MENC): 전미음악교육협회(National
  Association for Music Education)는 미국 내 음악교육과정을 개발하고
  음악교육 발전을 위해 다양한 노력을 하고 있다. 1907년 MSNC로
  출발하여 1934년부터는 MENC로, 2011년 9월 1일부터는 NAfME
  로 협회의 약자를 변경하여 사용하고 있다.
- 국가표준(National Standard): 주별로 다르게 제시한 표준과 달리 미
  국 전역, 즉 연방정부 차원에서 적용되는 교육표준
- 국가공통핵심예술표준(National Common Core Arts Standard): 2014년
  에 발표한 미국 전역에 적용되는 예술교육표준
- MU: Cr1.1.PreKa: 국가공통핵심예술표준 중 MU는 음악영역을 지
  칭하며, Cr는 교육과정을, PreK는 2세부터 5세 미만까지의 유아기
  를 지칭한다. 번호는 네 가지 예술표준 하위 범주의 일련 번호를 의
  미한다.

2. 미국의 학제 및 유아교육과정

미국의 학제는 각 주에 따라 다양한 형태를 취하고 있으며 하나의
주 안에서도 서로 다른 학제를 가지기도 한다. 많은 주가 유아기인
Prekindergarten(5세* 미만), 유치반을 포함한 초등학교인 Elementary

---

* 본 고에 제시된 모든 연령은 세계의 교육과정에 제시된 대로 표기하여 우리나라
나이로는 '만 ~세'에 해당하는 연령이다.

school, 중학교인 Middle school과 고등학교인 High school로 구분된다. 초등학교는 5세에 해당하는 Kindergarten부터 5학년까지 6년 과정에 해당하며, 중학교는 6학년부터 8학년까지 3년 과정, 고등학교는 9학년부터 12학년까지인 경우가 일반적이지만 지역에 따라서 고등학교가 Junior high school과 High school로 나뉘는 경우도 있다. 캘리포니아 주의 학제를 예로 들면 〈표 1〉과 같다.

표 1_ 미국 캘리포니아 주의 학제

과정	학년	연령	학교
고등교육 (Higher education)	1~4학년	20~23세	대학교(University)
후기 중등교육 (Upper Secondary)	9~12학년	14~17세	고등학교 (High school)
전기 중등교육 (Secondary)	6~8학년	11~13세	중학교 (Middle school)
초등교육 (Elementary education)	K~5학년	5~10세	초등학교 (Elementary school)
유아교육 (Preschool education)	유치원	5세 미만	유아학교, 유치원 (Preschool, Kindergarten)

출처: 국가교육과정정보센터(NCIC)

3. 미국의 유아음악교육과정

1) 유아음악교육과정의 성격 및 목표

미국의 음악교육과정은 1930년에 처음 제정되어 변화와 개정을 거듭하며 발전되어 왔다. 1994년 전미음악교육협회(MENC)는 국가표준으로서 음악교육과정을 K-12과정과 Prekindergarten 과정으로 나누어 발표하였다. 음악교육국가표준에 따르면, 모든 유아의 질 높은 삶의 영위를 위해 유아기에 음악경험을 발전시켜야 한다고 하였다(MENC, 1994). National Standards*의 기본 신념은 모든 유아는 음악적 잠재력이 있다는 것이다. 과거에 음악교육이 특정 계층이나 재능 있는 일부 유아에게만 제공되었던 것에 비해, 음악교육국가표준(National Standards for Music Education, 1994)은 '모든 유아를 위한' 음악교육이 되어야 한다고 강조하고 있다.

음악교육국가표준(National Standards for Music Education, 이하 국가표준)은 학생들이 유아교육기관 혹은 학교교육을 통해서 배워야 할 음악적 기술과 지식을 구체적으로 기술하고 있다. 1994년 국가표준이 발표된 이후 미국의 각 주들은 자체 교육과정 구성에서 음악교육국가표준을 중요한 지침으로 사용하였다. 국가표준은 의무적인 것이 아닌 자발적인 교육기준으로 의무교육과정인 주별 교육과정과는 차이가 있으나 주별 교육과정 중 예술영역은 음악교육국가표준을 바탕으로 개정되고

---

* 원문 확인은 아래 사이트 참조
http://www.nafme.org/opportunity-to-learn-standards-for-music-instruction-grade-prek-12-2/

있어 국가표준을 살펴보는 것은 의미 있는 일이다. 1994년 발표 이후 20년 만인 2014년 6월에 새로운 국가수준 예술교육표준인 국가공통핵심예술표준(National Common Core Arts Standards)을 전미음악교육협회에서 발표하였다. 약 2년에 걸친 개정작업에는 음악교육 전문가, 교사, 연구자, 교수 등이 참여하였으며, 일반 음악교육자들에게 최종 발표 5개월 전에 국가표준 초안을 발표하여 전 세계 협회회원들을 대상으로 온라인 피드백을 실시한 후 수정·보완작업을 거쳐 2014년 6월에 최종안을 발표하였다. 이 자발적인(voluntary) 예술표준은 각 주 교사들에게 고유의 교육과정을 발전시킬 수 있도록 융통성을 허용한다. 그 분야에 필요한 지식과 기술을 국가공통핵심예술표준에 보충하여 제안할 수 있다. 전미음악교육협회는 각 주 교사들이 참여하여 이렇게 개발된 것과 추가 자료를 곧 발표할 계획이다. 이는 전미음악교육협회(NAfME) 사이트에 게시될 것이다. 이러한 선택적 추가 자료와 함께 많은 부분은 각 주마다 지역이나 학급수준에서 발전시키고 세분화할 수 있다.

2014년에 발표된 국가공통핵심예술표준은 1994년에 발표된 음악교육국가표준과는 차이가 있는데, 이전 것에서는 음악표준이 독립적으로 발표된 것에 비해 2014년 국가공통핵심예술표준은 음악, 연극, 춤, 미술, 미디어예술을 예술영역의 통합적 공통기준으로 제시하였다. 또한 이전 음악교육국가표준 중 유아기에 해당하는 표준은 K-12와는 독립적으로 제시되어 네 가지 기준(노래 부르기와 악기 연주하기, 음악 만들기, 음악에 반응하기, 음악을 이해하기)으로 제시되었고, 유치원과정부터 고등학교과정까지는 아홉 가지 기준을 제시하여 학령 전 단계와 그 이후 단계의 연계성이 어려웠다. 그러나 2014년 국가공통핵심예술표준은 유아단계부터 고등학교과정까지 예술영역 안에 동일한 하위 범주 내에서 제시하고 있어 유아기부터의 연계성을 강화하였다.

이 장에서는 미국의 유아음악교육과정을 제시하기 위해 국가수준이지만 자발적 기준인 국가공통핵심예술표준 중 유아음악교육 내용에 해당하는 부분과, 주별로 차이를 보이지만 보다 공식적인 교육과정에 해당하는 주 교육과정을 소개하기 위해 캘리포니아 주와 콜로라도 주의 교육과정 중 유아음악교육 내용을 발췌하여 소개하였다. 앞서 언급한 바와 같이 각 주 교육과정의 음악교육 내용은 이전에 발표된 음악교육국가표준(National Standards for Music Education)을 바탕으로 구성되었기 때문에 첨부한 캘리포니아 주와 콜로라도 주의 유아음악교육과정은 1994년 국가수준음악교육과정에 해당하는 음악교육국가표준을 기초로 구성된 것이다. 현재 2014년 국가공통핵심예술표준이 새로 발표되었으나 그에 따른 개요와 교육환경 구성, 일과 구성 및 직원 관련 안내서는 1994년 기준의 내용을 적용하라고 제시되어 있어 개요 부분은 1994년 음악교육국가표준에 제시된 부분을 수록하였다.

2) Prekindergarten과 Kindergarten을 위한 표준(2~5세)[*]

1.0 교육과정과 일과 계획하기(Curriculum and Scheduling)

　1.1 음악은 하루 일과 교육과정 안에 통합된다.

　1.2 유아의 학습경험은 노래 부르기, 악기 연주하기, 음악 듣기, 음악 창작하기 그리고 음악에 맞춰 움직이기를 포함한다.

---

[*] 1994년 발표한 음악교육국가표준의 opportunity to learn에 제시된 음악 지도를 위한 학습기회표준: PreK–12학년 중 PreK에 해당하는 부분을 번역하여 제시하였다. http://www.nafme.org/opportunity-to-learn-standards-for-music-instruction-grades-prek-12-2/

1.3 모든 Prekindergarten과 Kindergarten에서 유아와 지내는 시간의 최소한 12%를 음악경험에 전념한다.

2.0 직원(Staffing)

2.1 모든 Prekindergarten과 Kindergarten의 음악 지도는 유아음악교육에 대한 정규교육(정식교육)을 받은 교사에 의해 제공된다. 유아교육 자격이 있는 음악 전공자는 자문위원(컨설턴트)으로 이용할 수 있다.

3.0 기자재(Materials and Equipment)

3.1 음악교육이 이루어지는 모든 공간은 현재의 녹음기술을 활용할 수 있는 질 높은 소리 재생 시스템을 갖춘다. 적어도 음향기기의 일부는 유아에 의해 조작(작동)될 수 있도록 한다. 모든 교사는 매우 다양한 음악 스타일(양식)과 문화를 나타내는 녹음물에 편리하게 접근할 수 있다. 또한 음악 지도에서 비디오 카메라, 컬러 모니터, 스테레오 VCR 그리고 디지털화된 소리와 그래픽과 글(text)로 된 음악을 겸비한 멀티미디어 장비를 사용할 수 있다.

3.2 음악교육이 이루어지는 모든 공간은 드럼, 리듬 막대, 손가락 심벌즈, 트라이앵글, 심벌즈, 징, 방울, 공명종(resonator bells), 스텝벨, 막대를 떼어 낼 수 있는 실로폰 종류의 악기, 치터(chorded zithers),* 기타 등의 현, 전자 키보드 악기 그리고 다양한 문화를 나타내는 악기를 포함하여 여러 가지 교실 악기를 갖춘다. 보조장치(e.g., adaptive picks, beaters, bells)는

---

* 치터(zither): 평평한 공명상자에 30~45개의 현이 달려 있는 현악기

장애유아가 사용할 수 있다. 음악교육이 이루어지는 모든 공간은 노래가 들어 있는 유아의 도서와 음악교육용 자료를 갖춘다.

4.0 시설(Facilities)

4.1 모든 유아가 음악 자료에 쉽게 접근할 수 있으며, 다른 사람을 방해하지 않도록 헤드폰으로 음악을 들을 수 있는 '음악영역' 또는 이와 유사한 공간이 있다.

4.2 가르칠 유아 모두를 수용하고 창의적이며 구성이 있는 동작활동을 위해 충분한 공간을 제공할 만큼 크고 정돈된 공간이 있다.

3) 국가공통핵심예술표준(Common Core Music Standards, PreK-8)*

국가공통핵심예술표준 유아기(PreK)부터 8학년까지에서 유아기에 해당하며 음악영역 부분의 내용을 발췌하여 제시하면 다음과 같다.

- 핵심음악표준(유아기)

창작하기(CREATING)

상상하기(Imagine)
다양한 목적과 맥락을 위한 음악적 아이디어를 만들어 낸다.

- **주요 개념**: 음악가의 작품에 영향을 주는 창의적인 아이디어, 개념 그리고 느낌은 여러 가지 근원(source)으로부터 나온다.
- **핵심 질문**: 음악가는 어떻게 창의적인 아이디어를 만들어 내는가?

---

* http://www.nafme.org/wp-content/uploads/2014/06/Core-Music-Standards-PreK-81.pdf

PreK(5세 미만 과정)	K(5세 과정)
• MU: Cr1.1.PreKa 상당한 안내에 따라 여러 가지 음악을 탐구하고 경험한다.	• MU: Cr1.1.Ka 안내에 따라 음악 개념(박과 선율의 윤곽 같은)을 탐구하고 경험한다.
	• MU: Cr1.1.Kb 안내에 따라 음악적 아이디어(움직임 또는 동기 같은)를 만들어 낸다.

계획하기와 고안하기(Plan and Make)
규정된 목적과 맥락을 위한 음악적 아이디어를 선택하고 발전시킨다.

- **주요 개념**: 음악가의 창의적인 선택은 그들의 전문 지식과 맥락 그리고 표현적인 의도에 영향을 받는다.
- **핵심 질문**: 음악가는 어떻게 창의적인 결정을 하는가?

• MU: Cr2.1.PreKa 상당한 안내에 따라 좋아하는 음악적 아이디어(움직임, 발성 또는 악기 반주 같은)를 탐구한다.	• MU: Cr2.1.Ka 안내에 따라 좋아하는 음악적 아이디어를 보여 주고 선택한다.
• MU: Cr2.1.PreKb 상당한 안내에 따라 상징적 기보법 그리고/또는 녹음기술을 사용해 독창적인 음악적 아이디어를 수행하기 위한 순서를 선택하고 파악한다.	• MU: Cr2.1.Kb 안내에 따라 상징적 기보법 그리고/또는 녹음기술을 사용해 개인의 음악적 아이디어를 조직한다.

평가하고 개선하기(Evaluate and Refine)
적절한 기준에 충족하는 음악작품을 창작하기 위해 선택된 음악적 아이디어를 평가하고 개선한다.

- **주요 개념**: 음악가는 새로운 아이디어, 고집 그리고 적절한 기준의 적용에 대한 개방성(열린 마음)을 통해 자신의 작품을 평가하고 개선한다.
- **핵심 질문**: 음악가는 어떻게 자신의 창의적인 작품의 질을 향상시키는가?

• MU: Cr3.1.PreKa	• MU: Cr3.1.Ka
상당한 안내에 따라 개인의 음악적 아이디어를 보여 주고 개선할 때 개인, 또래 그리고 교사의 피드백을 고려한다.	안내에 따라 개인의 음악적 아이디어 개선에 개인, 또래 그리고 교사의 피드백을 적용한다.

보여 주기(Present)

의도를 전하고, 솜씨를 보여 주고, 독창성을 드러내는 창의적인 음악적 작품을 공유한다.

- **주요 개념**: 음악가의 창의적인 작품 공연은 창작과 커뮤니케이션 과정의 정점이다.
- **핵심 질문**: 언제 창의적인 작품을 공유할 준비가 되는가?

• MU: Cr3.2.PreKa	• MU: Cr3.2.Ka
상당한 안내에 따라 수정된 개인의 음악적 아이디어를 또래와 공유한다.	안내에 따라 또래에게 개인의 음악적 아이디어의 최종 버전을 보여 준다.

연주하기(PERFORMING)

선택하기(Select)

관심, 지식, 기교 그리고 맥락에 기초하여 보여 줄 다양한 음악작품을 선택한다.

- **주요 개념**: 연주를 위한 연주자의 음악작품에 대한 관심과 지식, 자신의 기교에 대한 이해 그리고 맥락은 레퍼토리 선택에 영향을 준다.
- **핵심 질문**: 연주자는 어떻게 레퍼토리를 선택하는가?

• MU: Pr4.1.PreKa	• MU: Pr4.1.Ka
상당한 안내에 따라 다양한 음악적 선택을 위한 선호를 보여 주고 진술한다.	안내에 따라 다양한 음악적 선택에 대한 개인의 관심을 보여 주고 진술한다.

분석하기(Analyze)

연주를 위해 다양한 음악작품의 구조와 맥락 그리고 작품의 의미를 분석한다.

- **주요 개념**: 작곡가의 맥락과 그들이 음악 요소를 어떻게 다루는지에 대해 분석하는 것은 그들의 의도에 대한 통찰(이해)을 제공하고 연주에 대한 정보를 제공한다.
- **핵심 질문**: 음악작품의 구조와 맥락에 대한 이해는 연주에 대한 정보를 어떻게 제공하는가?

• **MU: Pr4.2.PreKa** 상당한 안내에 따라 음악적 차이에 대한 인식을 탐구하고 보여 준다.	• **MU: Pr4.2.Ka** 안내에 따라 연주를 위해 선택된 다양한 음악에서 음악적 차이('높은/낮은', '큰/작은', '같은/다른'과 같은)에 대한 인식을 탐구하고 보여 준다.

해석하기(Interpret)

창작자의 의도를 고려한 개인의 해석을 발전시킨다.

- **주요 개념**: 연주자는 맥락과 표현적 의도에 대한 그들의 이해에 기초하여 해석상의 결정을 한다.
- **핵심 질문**: 연주자는 어떻게 음악작품을 해석하는가?

• **MU: Pr4.3.PreKa** 상당한 안내에 따라 음악의 표현적 질(목소리의 질, 셈여림 그리고 빠르기 같은)을 탐구한다.	• **MU: Pr4.3.Ka** 안내에 따라 창작자의 표현적 의도를 지원하는 표현적 질(목소리의 질, 셈여림 그리고 빠르기 같은)의 인식을 보여 준다.

연습하고, 평가하고, 개선하기(Rehearse, Evaluate and Refine)

개별적으로 또는 다른 사람과 협력하여 개인 그리고 앙상블 공연을 평가하고 개선한다.

- **주요 개념**: 자신의 음악적 아이디어를 표현하기 위해 음악가는 시간이 흐르면서 새로운 아이디어, 고집 그리고 적절한 기준 적용에 대한 열린 마음으로 자신의 연주를 분석하고, 평가하고, 개선한다.
- **핵심 질문**: 음악가는 자신의 연주의 질을 어떻게 향상시키는가?

• **MU: Pr5.1.PreKa** 상당한 안내에 따라 자신의 연주에 대해 그들이 좋아하는 것을 연습하고 보여 준다.	• **MU: Pr5.1.Ka** 안내에 따라 연주를 개선하기 위해 개인, 교사 그리고 또래의 피드백을 적용한다.

• **MU: Pr5.1.PreKb** 상당한 안내에 따라 연주를 개선하기 위해 개인, 또래 그리고 교사의 피드백을 적용한다.	• **MU: Pr5.1.Kb** 안내에 따라 음악의 표현적 질을 향상시키기 위해 연습 시 제안된 전략을 사용한다.

보여 주기(Present)

적절한 해석과 기술적 정확성 그리고 청중과 맥락에 적절하게 표현적으로 공연한다.

- **주요 개념**: 음악가는 시간, 공간 그리고 문화에 걸쳐 각기 다른 기준에 기초하여 연주를 판단한다. 맥락과 작품이 어떻게 보이는가는 청중의 반응에 영향을 미친다.
- **핵심 질문**: 연주는 언제 보여 줄 준비가 되었다고 판단되는가? 음악작품이 보여 주는 맥락과 방식은 청중의 반응에 어떻게 영향을 미치는가?

• **MU: Pr6.1.PreKa** 상당한 안내에 따라 감정을 담아 음악을 연주한다.	• **MU: Pr6.1.Ka** 안내에 따라 감정을 담아 음악을 연주한다.
	• **MU: Pr6.1.Kb** 청중을 위해 적절하게 연주한다.

반응하기(RESPONDING)

선택하기(Select)

구체적인 목적 또는 맥락에 적합한 음악을 고른다.

- **주요 개념**: 개인의 음악작품 선택은 그들의 관심, 경험, 이해 그리고 목적에 영향을 받는다.
- **핵심 질문**: 개인은 경험하는 음악을 어떻게 선택하는가?

• **MU: Re7.1.PreKa** 상당한 안내에 따라 개인의 흥미를 이야기하고 그들이 왜 다른 것보다 어떤 음악 선택을 선호하는지 보여 준다.	• **MU: Re7.1.Ka** 안내에 따라 개인의 흥미와 경험을 열거하고(list), 그들이 왜 다른 것보다 어떤 음악 선택을 선호하는지 보여 준다.

분석하기(Analyze)

다양한 음악작품의 구조와 맥락이 어떻게 반응을 이끄는지 분석한다.

- **주요 개념**: 음악에 대한 반응은 맥락(사회적, 문화적 그리고 역사적) 분석하기와 창작자와 연주자가 음악 요소를 어떻게 다루는지에 의해 계발된다.
- **핵심 질문**: 음악의 구조와 맥락의 이해가 어떻게 반응을 이끄는가?

• MU: Re7.2.PreKa	• MU: Re7.2.Ka
상당한 안내(지도, guidance)와 함께 음악에서 음악적 대비(대조)를 탐구한다.	안내에 따라 구체적인 음악 개념(박 또는 선율의 방향 같은)이 음악에서 어떻게 사용되는지 보여 준다.

해석하기(Interpret)

창작자/연주자의 표현적 의도를 반영하는 음악작품의 해석(interpretation, 이해)을 지원한다.

- **주요 개념**: 음악 요소와 구조의 사용을 통해 창작자와 연주자는 그들의 표현적 의도에 대한 단서를 제공한다.
- **핵심 질문**: 우리는 어떻게 창작자와 연주자의 표현적 의도를 파악하는가?

• MU: Re8.1.PreKa	• MU: Re8.1.Ka
상당한 안내에 따라 음악의 표현적 질(셈여림 그리고 빠르기 같은)을 탐구한다.	안내에 따라 창작자/연주자의 표현적 의도를 반영하는 표현적 질(셈여림 그리고 빠르기 같은)의 인식을 보여 준다.

평가하기(Evaluate)

분석, 해석 그리고 설정된 기준에 기초한 음악작품과 연주의 평가를 지원한다.

- **주요 개념**: 음악작품(들)과 연주(들)의 개인적인 평가는 분석, 해석 그리고 설정된 기준에 의해 영향을 받는다.
- **핵심 질문**: 우리는 음악작품(들)과 연주(들)의 질을 어떻게 판단하는가?

• MU: Re9.1.PreKa	• MU: Re9.1.Ka
상당한 안내에 따라 음악에서 개인적인 그리고 표현적인 선호에 대해 이야기한다.	안내에 따라 음악 평가에서 개인적인 그리고 표현적인 선호를 적용한다.

연결하기(CONNECTING, 연계하기, 관련짓기)

연결하기(Connect) #10
지식과 개인의 경험을 음악 만들기에 통합하고 연결한다.

- **주요 개념**: 음악가는 그들의 개인적 흥미, 경험, 아이디어 그리고 지식을 창작하기, 연주하기 그리고 반응하기에 관련짓는다.
- **핵심 질문**: 음악가들은 어떻게 창작하기, 연주하기 그리고 반응하기에 의미 있는 연결을 만드는가?

• MU: Cn10.0.PreKa 흥미, 지식 그리고 기술이 창작하기, 연주하기 그리고 음악에 반응하기를 할 때 개인의 선택과 의미와 어떻게 관련되는지 보여 준다.	• MU: Cn10.0.Ka 흥미, 지식 그리고 기술이 창작하기, 연주하기 그리고 음악에 반응하기를 할 때 개인의 선택과 의미와 어떻게 관련되는지 보여 준다.
• MU: Cr3.2.PreKa 상당한 안내에 따라 수정된 개인의 음악적 아이디어를 또래와 공유한다.	• MU: Cr3.2.Ka 안내에 따라 또래에게 개인의 음악적 아이디어의 최종 버전을 보여 준다.
• MU: Pr4.1.PreKa 상당한 안내에 따라 다양한 음악적 선택을 위한 선호를 보여 주고 진술한다.	• MU: Pr4.1.Ka 안내에 따라 다양한 음악적 선택에 대한 개인의 관심을 보여 주고 진술한다.
• MU: Pr4.3.PreKa 상당한 안내에 따라 음악의 표현적 질(목소리의 질, 셈여림 그리고 빠르기 같은)을 탐구한다.	• MU: Pr4.3.Ka 안내에 따라 창작자의 표현적 의도를 지원하는 표현적 질(목소리의 질, 셈여림 그리고 빠르기 같은)의 인식을 보여 준다.

연결하기(Connect) #11
이해를 심화시키기 위해 음악적 아이디어와 작품을 다양한 맥락과 연결한다.

- **주요 개념**: 다양한 맥락과 일상생활의 연계에 대한 이해는 음악가의 창작하기, 연주하기 그리고 반응하기를 향상시킨다.
- **핵심 질문**: 예술의 다른 영역, 다른 교과영역, 맥락 그리고 일상생활은 음악 창작하기, 연주하기 그리고 반응하기를 어떻게 계발하는가?

• MU: Cn11.0.PreKa 음악과 다른 예술, 다른 과목, 다양한 맥락 그리고 일상생활 간의 관계에 대한 이해를 나타낸다.	• MU: Cn11.0.Ka 음악과 다른 예술, 다른 과목, 다양한 맥락 그리고 일상생활 간의 관계에 대한 이해를 보여 준다.
• MU: Pr4.2.PreKa 상당한 안내에 따라 음악적 대조에 대한 인식(awareness)을 탐구하고 보여 준다.	• MU: Pr4.2.Ka 안내에 따라 공연을 위해 선택된 다양한 음악에서 음악적 대조('높은/낮은', '큰/작은', '같은/다른'과 같은)에 대한 인식을 탐구하고 보여 준다.
• MU: Re7.2.PreKa 상당한 안내에 따라 음악에서 음악적 대조(대비)를 탐구한다.	• MU: Re7.2.Ka 안내에 따라 구체적인 음악 개념(beat 또는 선율의 방향과 같은)이 음악에서 어떻게 사용되는지 보여 준다.
• MU: Re9.1.PreKa 상당한 안내에 따라 음악에서 개인적인 그리고 표현적인 선호에 대해 이야기한다.	• MU: Re9.1.Ka 안내에 따라 음악 평가에서 개인적인 그리고 표현적인 선호를 적용한다.

4. 캘리포니아 주의 유아음악교육과정

캘리포니아 주의 예술교육표준은 2001년 캘리포니아 주 교육정책과 (California State Board of Education)에서 춤, 음악, 연극, 미술의 영역을 포함하여 발표한 내용 중 음악영역에 대한 부분을 유아기 해당 연령 내용 중심으로 발췌하여 제시하였다. 예술교육표준 내의 네 가지 예술영역은 5개의 동일한 내용체계로 구성되어 있고 그 내용 범주로는 예술적 지각, 창의적 표현, 역사적·문화적 맥락, 미적 가치 그리고 연계성, 관련성 및 적용이다. 캘리포니아 주의 예술교육표준은 유아기(PreK)부터 12학년까지 4개 예술영역별로 동일한 내용 범주로 제시하고 있는데 유아기에 해당하는 PreK와 K의 내용이 유아음악교육과정에 해당하며, 그 내용을 구체적으로 살펴보면 다음과 같다.

■ 캘리포니아 시각 및 공연예술 내용 표준(Visual and Performing Arts Content Standards)

> 음악영역: 2~4세(Prekindergarten)

1.0 예술적 지각*

특유의 음악에 맞춰 언어와 기술을 통해 진행하기, 분석하기 그리고 감각 정보에 반응하기

학생들은 음악 용어들을 사용하여 음악과 다른 청각 정보를 읽고, 기보하고, 듣고, 분석하고, 묘사한다.

---

* http://www.cde.ca.gov/be/st/ss/documents/vpastandards.pdf

- 음악 읽고 기보하기

  1.1 음악적 소리와 아이디어를 표현하기 위해 아이콘이나 만들어 낸 기호를 사용한다.

- 음악을 듣고, 분석하고, 묘사하기

  1.2 매우 다양한 소리의 자료를 식별한다.

  1.3 셈여림과 빠르기에 반응하기 위해 신체 움직임을 사용한다.

2.0 창의적 표현

창작하기, 연주하기 그리고 음악에 참여하기

학생들은 다양한 음악 레퍼토리를 연주하는 데 목소리와 악기에 의한 음악적 기술을 적용한다. 그들은 적절한 때에 디지털/전자기술을 사용해 음악을 작곡하고 편곡하고 멜로디, 변주곡, 반주를 즉흥 연주한다.

- 목소리와 악기의 기술 적용하기

  2.1 박과 빠르기에 대한 인식을 보여 주기 위해 움직이거나 신체 타악기를 사용한다.

  2.2 말하고, 찬트하고, 노래하기 위해 목소리를 사용한다.

- 작곡하기, 편곡하기 그리고 즉흥 연주하기

  2.3 노래, 녹음곡 모음, 이야기 그리고 시에 간단한 악기 반주를 즉흥 연주한다.

3.0 역사적 그리고 문화적 맥락

음악의 역사적 기여와 문화적 관점 이해하기

학생들은 음악, 음악가 그리고 작곡가와 관련된 문화적 다양성에 주목해 과거 음악의 역할과 전 세계의 현재 문화를 분석한다.

- 음악의 다양성

3.1 다양한 문화의 음악을 묘사하기 위하여 개인적 어휘를 사용한다.

3.2 다양한 장르와 시대(리듬)의 음악에 반응하여 발달에 적합한 움직임을 사용한다.

4.0 미적 가치

반응하기, 분석하기 그리고 음악작품에 대해 판단하기

학생들은 비판적으로 평가하고 음악 요소, 심미적 질 그리고 사람의 반응에 따라 음악작품과 음악가의 연주에서 의미를 얻는다.

- 의미 얻기(끌어내기)

4.1 음악에 반응하여 움직임을 창작한다.

4.2 음악 활동에 자유롭게 참여한다.

5.0 연계성, 관련성, 적용

음악에서 배운 것을 다른 예술 형식과 교과영역 그리고 직업의 학습에 관련짓고 적용하기

학생들은 전 교과영역에 걸쳐 그들이 음악에서 배운 것을 적용한다. 그들은 평생 학습과 직업 기술에 기여하는 문제 해결 능력, 의사소통, 시간과 자원의 관리 능력과 창의적 기술을 개발한다. 그들은 음악과 관련 있는 직업에 대해 배운다.

- **통합과 적용**

5.1 게임과 놀이시간 활동을 동반하는 노래를 즉흥적으로 부른다.

- **직업 그리고 직업과 관련된 기술**

5.2 일상생활의 일부로서 음악에 대한 인식을 보여 준다.

1.0 예술적 지각

특유의 음악에 맞춰 언어와 기술을 통해 진행하기, 분석하기 그리고 감각 정보에 반응하기

학생들은 음악 용어들을 사용하여 음악과 다른 청각 정보를 읽고, 기보하고, 듣고, 분석하고, 묘사한다.

- 음악 읽고 기보하기

  1.1 박을 표현하기 위해 아이콘이나 만들어 낸 기호를 사용한다.

- 음악을 듣고, 분석하고, 묘사하기

  1.2 기본적인 음악 요소를 식별하고 묘사한다(예를 들어 높은/낮은, 빠른/느린, 큰/작은 박).

2.0 창의적 표현

창작하기, 연주하기 그리고 음악에 참여하기

학생들은 다양한 음악 레퍼토리 연주에 목소리와 악기에 의한 음악적 기술을 적용한다. 적절한 때에 디지털/전자기술을 사용해 음악을 작곡하고 편곡하고 멜로디, 변주곡, 반주를 즉흥 연주한다.

- 성악과 기악의 기술 적용하기

  2.1 노래하는 목소리를 짧은 선율 패턴에 사용한다.

  2.2 연령에 적합한 노래를 외워서 부른다.

  2.3 박, 빠르기, 셈여림 그리고 선율 방향의 식별을 보여 주기 위해 악기를 연주하고 움직이거나 말로 표현한다.

- 작곡하기, 편곡하기 그리고 즉흥 연주하기

  2.4 목소리나 학급의 다양한 악기를 사용하여 반주를 창작한다.

3.0 역사적 그리고 문화적 맥락

음악의 역사적 기여와 문화적 관점 이해하기

학생들은 음악, 음악가 그리고 작곡가와 관련된 문화적 다양성에 주목해 과거 음악의 역할과 전 세계의 현재 문화를 분석한다.

- **음악의 역할**

3.1 매일 일어나는 경험에서 다양한 음악의 사용을 식별한다.

- **음악의 다양성**

3.2 다양한 문화의 노래 부르기와 간단한 노래 게임을 한다.

3.3 다양한 문화의 목소리와 악기를 묘사하기 위하여 개인적인 어휘를 사용한다.

3.4 다양한 장르와 양식(리듬, 선율)의 음악에 반응하여 발달에 적합한 움직임을 사용한다.

4.0 미적 가치

반응하기, 분석하기 그리고 음악작품에 대해 판단하기

학생들은 비판적으로 평가하고 음악 요소, 심미적 질 그리고 사람의 반응에 따라 음악작품과 음악가의 연주에서 의미를 얻는다.

- **의미 끌어내기**

4.1 특정한 음악에 부합하는 움직임을 창작한다.

4.2 특정한 목적으로 만들어진 음악을 식별하고, 음악에 대해 이야기하고, 노래하고 또는 연주한다(예를 들어 노동요, 자장가).

5.0 연계성, 관련성, 적용

음악에서 배운 것을 다른 예술 형식과 교과영역 그리고 직업에 대한 학습에 연결하고 적용하기

학생들은 전 교과영역에 걸쳐 그들이 음악에서 배운 것을 적용한다. 그들은 평생 학습과 직업 기술에 기여하는 문제 해결 능력, 의사소통, 시간과 자원의 관리 능력과 창의적 기술을 개발한다. 그들은 음악과 관련 있는 직업에 대해 배운다.

- 통합과 적용

  5.1 스토리텔링을 위해 춤, 연극 그리고 시각예술과 함께 음악을 사용한다.

- 직업 그리고 직업과 관련된 기술

  5.2 예술가가 춤, 음악, 연극 그리고 시각예술 작품을 창작하는 이유에 대해 알아보고 이야기한다.

5. 콜로라도 주의 유아음악교육과정(2009)[*]

콜로라도 주의 음악교육표준은 2009년에 발표되었으며 유아기(PreK)부터 12학년까지 일관성 있게 동일한 4개의 표준으로 제시하고 있다. 많은 주들의 유아음악교육표준 내용이 예술표준 내에 포함되어 독립적인 음악영역이 없고 K학년부터 제시된 것에 비해 콜로라도 주의 음악교육표준은 독립된 음악교육표준과 유아기 내용이 제시되어 있어 유아음악교육과정에 해당하는 부분을 발췌하여 제시하였다. 음악교육표준은 음악 표현, 음악 창작, 음악 이론, 음악의 미적 가치 등 4개의 하위

---

[*] 자세한 원문을 보려면 아래 사이트 참조
http://sites.cde.state.co.us/sites/default/files/documents/coarts/documents/music/music_standards_adopted_12.10.09.pdf

표준으로 구성되어 있고 각 표준들은 해당 연령이 교육과정을 마쳤을 때 습득해야 하는 역량을 제시하였으며 학년수준 기대, 보이는 결과, 21세기 기술과 준비도 역량 등의 성취 기준을 제시하고 있다. 유아음악교육과정에 해당하는 구체적인 내용을 살펴보면 다음과 같다.

• 음악, 한눈에 보는 학년수준 기대

표준	학년수준 기대
5세(Kindergarten)	
1. 음악 표현	1) 독립적으로 연주하기 2) 움직임으로 음악에 반응하기
2. 음악 창작	1) 여러 가지 경험을 통해 음악 창작하기 2) 단순한 음악적 패턴 식별하기
3. 음악 이론	1) 음악적 대조에 대한 이해 2) 음악 형식의 기본 요소 이해 3) 다른 목소리와 악기의 음색 식별하기 4) 단순한 리듬 패턴 식별하기
4. 음악의 미적 가치	1) 음악적 환경에서 다른 사람들의 기여에 대한 존중 표현하기 2) 기초적인 수준에서 음악 연주에 반응하기 3) 일상생활에서의 음악과 축하 행사를 인식하고 토론하기
5세 미만(Preschool)	
1. 음악 표현	1) 표현적으로 연주하기 2) 표현적인 움직임을 사용하여 리듬 패턴과 음악 요소에 반응하기
2. 음악 창작	1) 음악에 반응하여 즉흥적으로 움직임과 소리 만들기

3. 음악 이론	1) 음악 요소를 묘사하고 반응하기 2) 매우 다양한 소리와 소리의 출처 인식
4. 음악의 미적 가치	1) 음악의 기여에 대해 존중 표현하기 2) 음악에 반응하여 느낌 표현하기 3) 일상생활에서의 음악 인식

1) 음악 표현(Expression of Music)

음악 표현은 음악 학습에서 얻은 지식과 기술의 산물인 연주라는 표현 수단을 통한 인간의 생각과 감정의 표출이다.

• Prepared Graduates

준비된 졸업생(Prepared Graduate)의 역량은 콜로라도 주 교육체제를 수료한 모든 학생이 중고등 과정 후와 직업 환경에서 그들의 성공을 보장하기 위해 숙달해야 하는 유아학교(Preschool)부터 12학년까지의 개념과 기술이다.

> • **음악표준영역 중 '음악 표현'에 있어 준비된 졸업생의 역량**(PreK-12학년 공통)
> - 노래하기, 악기 연주하기 그리고 의도적인 움직임을 포함한 여러 가지 방법을 통해 음악적 기술을 사용한다.
> - 목소리, 악기 그리고/또는 전자 도구의 사용을 통해 음악의 표현적 요소—선율, 화성, 리듬, 양식, 장르, 조직(texture), 발성/악기 연주, 분위기, 조성 그리고 형식을 포함한—를 보여 준다.
> - 적절한 난이도의 악보 읽기와 준비된 연주를 적절한 기법과 표현 수준으로 연주한다.
> - 개별적으로 뿐만 아니라 합주단 내에서도 적절한 사회성과 표현 기술을 드러내도록 연습부터 공연까지 음악작품의 발전 과정을 보여 준다.

■ 내용영역: 음악

■ 기준: 1. 음악 표현

• **Prepared Graduates**
  - 노래하기, 악기 연주하기 그리고 의도적인 움직임을 포함한 여러 가지 방법을 통해 음악적 기술을 사용한다.
  - 적절한 난이도의 악보 읽기와 준비된 연주를 적절한 기법과 표현 수준으로 연주한다.
  - 개별적으로 뿐만 아니라 합주단 내에서도 적절한 사회성과 표현 기술을 드러내도록 연습부터 공연까지 음악작품의 발전 과정을 보여 준다.

학년수준 기대: 5세(Kindergarten)

• **학생이 습득하는 개념과 기술**
  1. 독립적으로 연주하기

보이는 결과	21세기 기술과 준비도 역량
• **학생들은 아래와 같이 할 수 있다.** a. 말하기와 노래 부르는 목소리를 구별할 수 있다(DOK 1). b. 여러 가지 간단한 노래를 부르고 노래 게임을 할 수 있다(DOK 1-2). c. 단순한 선율과 리듬 패턴을 따라 하고 연주할 수 있다(DOK 1-2). d. 기본적인 연주 기술과 행동을 보여 줄 수 있다(DOK 1-2).	• **탐구 문제** 1. 말하기와 노래하기 간의 차이는 무엇인가? 2. 노래 부르기는 당신이 학습하는 데 어떻게 도움이 되는가? • **관련(Relevance)과 적용** 1. 춤, 연극 그리고 시각예술과 함께 음악을 사용하는 것은 스토리텔링과 같은 초기 독해 기술과 배열 기술에 도움이 된다. 2. 음악 소프트웨어와 오디오 그리고/또는 비디오 장치는 말하기와 노래하는 목소리, 간단한 노래 그리고 패턴을 보여 주는 데 사용될 수 있다. 3. 전자 키보드는 간단한 선율과 리듬 패턴을 따라 하고 연주하는 데 사용될 수 있다. • **음악의 본질** 1. 음악성은 의미 있는 방식으로 음악을 연주하고 음악에 반응하는 능력이다.

- **Prepared Graduates**
  - 목소리, 악기 그리고/또는 전자 도구의 사용을 통해 음악의 표현적인 요소—선율, 화성, 리듬, 양식, 장르, 조직(texture), 발성/악기 연주, 분위기, 조성 그리고 형식을 포함한—를 보여 준다.
  - 개별적으로 뿐만 아니라 합주단 내에서도 적절한 사회성과 표현 기술을 드러내도록 연습부터 공연까지 음악작품의 발전 과정을 보여 준다.

학년수준 기대: 5세(Kindergarten)

- **학생이 습득하는 개념과 기술**
  2. 움직임으로 음악에 반응하기

보이는 결과	21세기 기술과 준비도 역량
• **학생들은 아래와 같이 할 수 있다.** a. 박, 빠르기, 셈여림 그리고 선율의 방향에 대한 인식을 보여 주고 분위기나 형식의 변화를 반영하는 음악에 맞춰 움직일 수 있다(DOK 1-2). b. 소리와 고요(침묵) 간의 차이를 구별하는 음악에 맞춰 움직일 수 있다(DOK 1-2).	• **탐구 문제** 1. 다른 음악이 당신이 느끼는 방식을 어떻게 변화시키는가? 2. 음악은 당신이 듣는 음악을 어떻게 표현하도록 돕는가? 3. 고요(침묵)는 음악의 일부인가? • **관련(Relevance)과 적용** 1. 음악을 표현하기 위해 발달에 적합한 움직임을 사용하는 것은 음악 요소에 따르는 능력을 보여 준다. 2. 음악에 반응하기 위해 움직임을 사용하는 것은 장기 기억 발달에 도움이 된다. 3. 대근육 운동 기술은 움직임을 통해 음악에 반응할 때 개선된다. 4. 오디오 장치는 다른 유형의 음악과 단순한 음악에서 쉬는 부분의 이용을 보여 주는 데 사용될 수 있다. • **음악의 본질** 1. 움직임과 춤으로 음악을 표현하는 것은 모든 문화에서 중요한 부분이다.

- **Prepared Graduates**
  - 노래하기, 악기 연주하기 그리고 의도적인 움직임을 포함한 여러 가지 방법을 통해 음악적 기술을 사용한다.
  - 목소리, 악기 그리고/또는 전자 도구의 사용을 통해 음악의 표현적인 요소—선율, 화성, 리듬, 양식, 장르, 조직(texture), 발성/악기 연주, 분위기, 조성 그리고 형식을 포함한—를 보여 준다.
  - 개별적으로 뿐만 아니라 합주단 내에서도 적절한 사회성과 표현 기술을 드러내도록 연습부터 공연까지 음악작품의 발전 과정을 보여 준다.

학년수준 기대: 5세 미만(Preschool)

- **학생이 습득하는 개념과 기술**
  1. 표현적으로 연주하기

보이는 결과	21세기 기술과 준비도 역량
• **학생들은 아래와 같이 할 수 있다.** a. 말하기, 찬트하기 그리고 노래하기를 할 때 목소리를 표현적으로 사용할 수 있다 (DOK 1-3). b. 여러 가지 간단한 노래를 부르고 노래 게임을 할 수 있다(DOK 1-2). c. 바른 자세와 같은 필수적인 연주 기술과 행동을 보여 준다 (DOK 1-2).	• **탐구 문제** 1. 음악은 왜 다른 종류의 목소리를 사용하여 불리는가? 2. 다른 종류의 음악을 들었을 때, 모든 사람은 같은 방식으로 느끼는가? • **관련(Relevance)과 적용** 1. 전래동요, 수세기 노래(counting songs), 문자 노래(letter song), 휴일 노래(holiday songs), 애국가 그리고 다른 노래들을 부르는 것은 참여와 초기 기술 형성 그리고 배열 능력(sequencing ability)으로 이어진다. 2. 다양한 문화, 장르 그리고 양식의 노래, 노래 게임, 춤의 사용은 문화적 인식을 돕는다. 3. 오디오 장치는 다양한 목적을 위해 여러 가지 종류의 음악을 들려주는 데 사용될 수 있다. • **음악의 본질** 1. 음악성은 의미 있는 방식으로 음악을 연주하고 음악에 반응하는 능력이다.

- **Prepared Graduates**
  - 적절한 난이도의 악보 읽기와 준비된 연주를 적절한 기법과 표현 수준으로 연주한다.
  - 개별적으로 뿐만 아니라 합주단 내에서도 적절한 사회성과 표현 기술을 드러내도록 연습부터 공연까지 음악작품의 발전 과정을 보여 준다.

학년수준 기대: 5세 미만(Preschool)

- **학생이 습득하는 개념과 기술**
  2. 표현적인 움직임을 사용하여 리듬 패턴과 음악 요소에 반응하기

보이는 결과	21세기 기술과 준비도 역량
• **학생들은 아래와 같이 할 수 있다.** a. 다양한 빠르기, 박자, 셈여림, 음계 (mode), 장르 그리고 양식의 음악에 맞춰 움직일 수 있다(DOK 1-2). b. 박과 빠르기의 인식을 보여 주기 위해 움직이거나 신체 타악기를 사용할 수 있다(DOK 1-2). c. 리듬 패턴에 움직임을 맞출 수 있다(연결시킬 수 있다)(DOK 1-2).	• **탐구 문제** 1. 사람들은 왜 음악에 맞춰 움직이는가? 2. 음악에 맞춰 움직이는 올바른 방법이 있는가? 또는 왜 그렇지 않은가? • **관련(Relevance)과 적용** 1. 다양한 문화, 장르 그리고 양식의 음악에 반응하여 발달에 적합한 움직임을 사용하는 것은 문화적 인식에 도움이 된다. 2. 음악 소프트웨어와 전자 키보드는 학생의 반응과 움직임을 위해 빠르기, 박자 그리고 양식을 조절하는 데 사용될 수 있다. • **음악의 본질** 1. 움직임과 춤으로 음악에 반응하기는 모든 문화에서 중요한 부분이다.

2) 음악 창작(Creation of Music)

음악 창작은 음악 작곡, 즉흥 연주 그리고 편곡에서 학습한 기술의 실연을 포함한다. 음악 창작은 음악 작곡하기, 기존의 음악에서 새로운 음악 만들기 또는 완전히 새로운 음악 만들기를 포함한다.

• Prepared Graduates

준비된 졸업생(Prepared Graduate)의 역량은 콜로라도 주 교육체제를 수료한 모든 학생이 중고등 과정 후와 직업 환경에서 그들의 성공을 보장하기 위해 숙달해야 하는 유아학교(Preschool)부터 12학년까지의 개념과 기술이다.

> **• 음악표준영역 중 '음악 창작'에 있어 준비된 졸업생의 역량(PreK-12학년 공통)**
> - 들렸던 또는 구상 중인 악보에 기보되었거나 그렇지 않은 형식, 음악 테크놀로지를 사용하거나 사용하지 않은 작곡 그리고/또는 편곡, 독창성과 기술적 이해 보여 주기로 음악을 창작한다.
> - 마음속에서 창작된 것을 즉흥적으로 연주하기를 통해 악기 또는 목소리 즉흥 연주 기술을 보여 준다.

■ 내용영역: 음악

■ 기준: 2. 음악 창작

• **Prepared Graduates**
 - 들렸던 또는 구상 중인 악보에 기보되었거나 그렇지 않은 형식, 음악 테크놀로지를 사용하거나 사용하지 않은 작곡 그리고/또는 편곡, 독창성과 기술적 이해 보여 주기로 음악을 창작한다.
 - 마음속에서 창작된 것을 즉흥적으로 연주하기를 통해 악기 또는 목소리 즉흥 연주 기술을 보여 준다.

• 학생이 습득하는 개념과 기술

1. 여러 가지 경험을 통해 음악 창작하기

보이는 결과	21세기 기술과 준비도 역량
• **학생들은 아래와 같이 할 수 있다.** a. 이야기나 시의 음향 효과와 단순한 노래를 즉흥 연주한다 (DOK 2-3). b. 큰/작은, 빠른/느린, 높은/낮은, 소리/고요(침묵), 박이 있는/박이 없는 등을 보여 주기 위해 움직임을 사용할 수 있다(DOK 1-2).	• **탐구 문제** 1. 왜 일부 선율의 소리는 다른 것보다 더 나은가? 2. 움직임은 사람들이 들은 것을 어떻게 보여 주는가? 3. 음악은 어떻게 이야기를 하는가? • **관련(Relevance)과 적용** 1. 큰/작은, 빠른/느린, 높은/낮은, 소리/고요(침묵), 박이 있는/박이 없는 같은 음악적 대조를 보여 주기 위해 소프트웨어와 다른 테크놀로지를 사용하는 것은 많은 세계의 음악적 예를 주는 기회를 제공한다. 2. 음악적 대조에 반응할 때 발달에 적합한 움직임을 사용하는 것은 언어에서 반의어에 대한 이해를 평가할 때 도움이 된다. 3. 다른 교과영역(읽기, 수학 기호 +/−, 시각 예술)에서 대조를 찾을 수 있는 곳을 설명하는 것은 지식의 전이, 장기 기억 형성을 위한 기회를 제공한다. 4. 왜 특정한 소리가 특정한 특징(크고 낮은＝아빠 곰, 작고 높은＝아기 곰)과 어울릴 수 있는지 설명하는 것은 문학이나 드라마를 경험할 수 있는 여러 가지 감각이 관여하는 기회를 제공한다. • **음악의 본질** 1. 음악은 이야기를 들려준다.

- **Prepared Graduates**
  - 들렸던 또는 구상 중인 악보에 기보되었거나 그렇지 않은 형식, 음악 테크놀로지를 사용하거나 사용하지 않은 작곡 그리고/또는 편곡, 독창성과 기술적 이해 보여 주기로 음악을 창작한다.

학년수준 기대: 5세(Kindergarten)

- **학생이 습득하는 개념과 기술**
  2. 단순한 음악적 패턴 식별하기

보이는 결과	21세기 기술과 준비도 역량
• **학생들은 아래와 같이 할 수 있다.** a. 박을 표현하기 위해 기호나 만들어 낸 표상을 사용할 수 있다 (DOK 1-2).	• **탐구 문제** 1. 들은 것을 식별하기 위해 기호를 사용하는 것이 왜 중요한가? 2. 또 어디에서 패턴을 찾을 수 있는가? 3. 왜 음악에서 패턴이 중요한가?
	• **관련(Relevance)과 적용** 1. 소리를 창작하기 위해 단순한 소프트웨어와 테크놀로지 도구를 사용하는 것은 사회에서 들은 소리의 청각적 예의 다양한 배열을 제공한다. 2. 단순한 노래에서 반복되는 패턴을 식별하는 능력은 사회에서 패턴을 이해하기 위한 발달에 적합한 토대를 제공한다.
	• **음악의 본질** 1. 음악은 많은 패턴을 가진다.

• Prepared Graduates

- 들렸던 또는 구상 중인 악보에 기보되었거나 그렇지 않은 형식, 음악 테크놀로지를 사용하거나 사용하지 않은 작곡 그리고/또는 편곡, 독창성과 기술적 이해 보여 주기로 음악을 창작한다.
- 마음속에서 창작된 것을 즉흥적으로 연주하기를 통해 악기 또는 목소리 즉흥 연주 기술을 보여 준다.

학년수준 기대: 5세 미만(Preschool)

• 학생이 습득하는 개념과 기술

1. 음악에 반응하여 즉흥적으로 움직임과 소리 만들기

보이는 결과	21세기 기술과 준비도 역량
• **학생들은 아래와 같이 할 수 있다.** a. 동극 활동에 반주로 음향 효과를 즉흥 연주할 수 있다(DOK 2). b. 음악적 인식을 보여 주기 위해 즉흥적인 움직임을 사용할 수 있다(DOK 2-3).	• **탐구 문제** 1. 왜 음악이 바뀔 때 움직임이 바뀌는가? 2. 음악이 이야기를 말할 수 있는가? • **관련(Relevance)과 적용** 1. 사람들이 어떻게 움직임으로 음악에 반응하는지 보여 주기 위해 비디오 장비를 사용하는 것은 음악과 움직임에 보다 포괄적인 연계성을 제공할 수 있다. 2. 음악이 변할 때 움직임이 변하는 것을 보여 주는 방식은 어린 사람들에게 말 없이 그들이 느낀 것을 표현할 수 있는 기회를 제공한다. 3. 음악(짧고/빠른 음악에서 짧게/빠르게 치는 소리; 부드러운 음악적 악구에서 길고 물결 치는 소리와 같은)에 기초를 두고 독창적인 예술 작품을 창작하는 것은 음악적 인식의 평가를 제공한다. • **음악의 본질** 1. 음악은 우리를 움직일 수 있다.

3) 음악 이론(Theory of Music)

음악 이론은 음악의 독특한 언어, 관습, 기법(mechanics) 그리고 구조에 초점을 맞춘다. 음악 이론 연구는 음악 연주와 작곡을 포함한 음악 과정의 모든 측면에 대해 보다 완벽한 이해를 가능하게 한다.

• Prepared Graduates

준비된 졸업생(Prepared Graduate)의 역량은 콜로라도 주 교육체제를 수료한 모든 학생이 중고등 과정 후와 직업 환경에서 그들의 성공을 보장하기 위해 숙달해야 하는 유아학교(Preschool)부터 12학년까지의 개념과 기술이다.

• **음악표준영역 중 '음악 이론'에 있어 준비된 졸업생의 역량(PreK-12학년 공통)**
  - 선율, 화성, 리듬, 양식, 장르, 발성/악기 편성법, 분위기, 조성, 표현 그리고 형식과 관련된 기술을 포함하여 음악적 예(example) 토론하기 그리고 음악 쓰기에서 음악 언어와 어휘를 읽고 이용한다.
  - 청각 음악의 예에 대한 식별, 기보(편곡) 그리고 발성하거나 기악곡 재생을 통해 선율의, 화성의, 리듬의 청각 기술을 보여 준다.

■ 내용영역: 음악

■ 기준: 3. 음악 이론

• **Prepared Graduates**
- 선율, 화성, 리듬, 양식, 장르, 발성/악기 편성법, 분위기, 조성, 표현 그리고 형식과 관련된 기술을 포함하여 음악적 예(example) 토론하기와 음악 쓰기에서 음악 언어와 어휘를 읽고 이용한다.

학년수준 기대: 5세(Kindergarten)

• **학생이 습득하는 개념과 기술**
 1. 음악적 대조 이해

보이는 결과	21세기 기술과 준비도 역량
• 학생들은 아래와 같이 할 수 있다. a. 음악적 대조를 묘사하기 위해 자신의 어휘를 사용할 수 있다 (DOK 1-2). b. 큰/작은, 빠른/느린, 높은/낮은, 소리/고요(침묵) 그리고 박이 있는/박이 없는 등을 보여 줄 수 있다(DOK 1-2).	• **탐구 문제** 1. 대조가 어떻게 음악 듣기를 더 흥미롭게 만드는가? 2. 다른 교과영역에서 어떤 다른 대조를 찾을 수 있는가? • **관련(Relevance)과 적용** 1. 다양한 역사적 시기, 문화적 양식, 음악 장르 그리고 대중매체에서 음악적 대조를 식별하는 것은 특정 영역에서 음악적 대조의 연속 범위를 이해하는 능력을 강화한다. 2. 움직임을 통해 음악적 대조를 보여 주는 것은 대조가 운동 감각적이라는 이해를 평가하는 것을 돕는다. 3. 대조를 청각과 운동 감각적으로 보여 주는 것은 장기 기억, 문학과의 연계성 그리고 사회의 대조를 형성한다. • **음악의 본질** 1. 표현적 요소의 적용은 음악적 연주를 향상시킨다. 2. 구체적인 어휘는 음악을 묘사하는 데 필요하다.

- **Prepared Graduates**
  - 선율, 화성, 리듬, 양식, 장르, 발성/악기 편성법, 분위기, 조성, 표현 그리고 형식과 관련된 기술을 포함하여 음악적 예(example) 토론하기와 음악 쓰기에서 음악 언어와 어휘를 읽고 이용한다.

학년수준 기대: 5세(Kindergarten)

- **학생이 습득하는 개념과 기술**
  2. 음악 형식의 기본 요소 이해

보이는 결과	21세기 기술과 준비도 역량
• **학생들은 아래와 같이 할 수 있다.** a. 같은/다른 패턴과 악구를 청각적으로 식별할 수 있다(DOK 1-2). b. 음악의 악구를 해석하기 위해 신체 움직임을 사용할 수 있다(DOK 1-3).	• **탐구 문제** 1. 노래를 들을 때 어떤 방법이 사람들의 듣기를 도울 수 있는가? • **관련(Relevance)과 적용** 1. 다양한 음악 양식(미국 민속 음악, 행진곡, 자장가)은 같고 다른 악구의 예를 제공하는 데 사용될 수 있다. 2. 같고 다른 악구를 듣는 능력은 음악작품에서 청각 식별력을 발달시키기 위한 기초적인 기술이다. • **음악의 본질** 1. 대부분의 음악작품은 특정한 구조가 있다.

• Prepared Graduates
- 음악적 예(example)와 작곡에 대해 토론할 때 선율, 화성, 리듬, 양식, 장르, 발성/악기 편성법, 분위기, 조성, 표현 그리고 형식과 관련된 기술을 포함하여 음악 언어와 어휘를 읽고 이용한다.

학년수준 기대: 5세(Kindergarten)

• 학생이 습득하는 개념과 기술
3. 다른 목소리와 악기의 음색 식별하기

보이는 결과	21세기 기술과 준비도 역량
• **학생들은 아래와 같이 할 수 있다.** a. 여자/남자 목소리를 식별할 수 있다(DOK 1). b. 개인적 어휘를 사용하여 목소리와 악기 소리를 묘사할 수 있다(DOK 1-2).	• **탐구 문제** 1. 목소리와 악기 소리는 왜 다른가? 2. 두 가지 소리 간의 차이와 유사성은 무엇인가? • **관련(Relevance)과 적용** 1. 남자/여자 목소리와 다양한 목소리와 악기 소리를 듣기 위해 다양한 문화, 역사적 시기, 장르 그리고 양식의 음악을 이용하는 것은 음악이 사용되는 방식에 대한 전반적인 맥락을 제공한다. 2. 남자/여자 목소리와 다양한 악기 소리를 식별하기 위해 만화, 컴퓨터 게임, 지역사회 그리고 가정의 사건과 같은 예를 사용하는 것은 음악이 지역사회에서 사용되는 실제 방식과의 연계성을 제공한다. • **음악의 본질** 1. 독특한 음질은 다양한 양식과 장르의 음악에서 발견된다.

• Prepared Graduates
- 청각 음악의 예에 대한 식별, 기보(편곡) 그리고 발성하기나 기악곡 재생을 통해 선율의, 화성의, 리듬의 청각 기술을 보여 준다.

학년수준 기대: 5세(Kindergarten)

• 학생이 습득하는 개념과 기술
4. 단순한 리듬 패턴 식별하기

보이는 결과	21세기 기술과 준비도 역량
• **학생들은 아래와 같이 할 수 있다.** a. 고정 박을 보여 주기 위해 움직일 수 있다 (DOK 1-2). b. 짧은/긴 그리고 강한/약한 박을 식별할 수 있다(DOK 1-2). c. 박을 표현하기 위해 기호나 만들어 낸 표상을 사용할 수 있다 (DOK 1-2).	• **탐구 문제** 1. 고정 박을 유지하는 것이 왜 중요한가? 2. 음악에서 고정 박이나 박(pulse)이 어떻게 사용되는가?
	• **관련(Relevance)과 적용** 1. 음악과 다른 과목에 존재하는 패턴을 인식하는 것은 패턴 식별, 패턴 연결하기 그리고 패턴의 기능 이해를 위한 예비 단계이다. 2. 이야기, 노래, 예술 유형에서 유사한 주제, 패턴 그리고 조직(texture)을 식별하는 것은 주제/패턴 그리고 조직이 이 세상에서 어떻게 사용되는지에 대한 연습과 탐구를 제공한다.
	• **음악의 본질** 1. 음악 기보는 조직된 소리와 고요(침묵)의 시각적 표현이다. 2. 음악과 이 세상에 패턴이 존재한다.

- **Prepared Graduates**
  - 음악적 예(example)와 작곡에 대해 토론할 때 선율, 화성, 리듬, 양식, 장르, 발성/악기 편성법, 분위기, 조성, 표현 그리고 형식과 관련된 기술을 포함하여 음악 언어와 어휘를 읽고 이용한다.

학년수준 기대: 5세 미만(Preschool)

- **학생이 습득하는 개념과 기술**
  1. 음악 요소를 묘사하고 반응하기

보이는 결과	21세기 기술과 준비도 역량
• **학생들은 아래와 같이 할 수 있다.** a. 음악을 묘사하기 위해 개인적 어휘를 사용할 수 있다(DOK 1-2). b. 셈여림과 빠르기에 반응하기 위해 신체 움직임을 사용할 수 있다(DOK 1-2).	• **탐구 문제** 1. 음악은 어떻게 당신이 감정을 느끼게 하는가? 2. 음악의 어떤 요소가 분위기를 바꾸는 데 기여하는가? • **관련(Relevance)과 적용** 1. 셈여림과 빠르기의 변화를 식별하는 능력은 음악의 요소를 이해하는 기초적인 능력의 시작이다. 2. 다양한 음악 샘플을 들을 때 무엇이 들리는지 묘사하는 것은 음악적 느낌에 말로 반응하는 기초적 능력을 형성한다. • **음악의 본질** 1. 표현적 요소의 적용은 음악 연주를 향상시킨다. 2. 구체적인 어휘는 음악을 묘사하는 데 필요하다.

- **Prepared Graduates**
  - 듣기 샘플을 듣고 식별하기, 받아 적기, 목소리나 악기로 재생하기 등을 통해 선율의, 화성의, 리듬의 청각 기술을 보여 준다.

- **학생이 습득하는 개념과 기술**
  2. 매우 다양한 소리와 소리의 출처 인식

보이는 결과	21세기 기술과 준비도 역량
• **학생들은 아래와 같이 할 수 있다.** a. 소리의 출처를 묘사하기 위해 개인적 어휘를 사용할 수 있다(DOK 1-2). b. 음악적 소리와 생각을 표현하기 위해 만들어 낸 기호를 사용할 수 있다(DOK 1-2).	• **탐구 문제** 1. 왜 악기와 목소리는 다른가? • **관련(Relevance)과 적용** 1. 어떤 종류의 소리가 어떤 곳에서 나왔는지에 대한 탐구는 출처의 본성과 그 결과의 산물 간의 관계에 대한 기초적인 이해를 형성한다. 2. 소리를 표현하기 위해 만들어 낸 기호의 사용을 허용하는 것은 발달에 적합한 음악 기보의 구조를 이해하기 위해 준비하는 연습을 제공한다. • **음악의 본질** 1. 독특한 음질은 다양한 음악 양식과 장르에서 발견된다.

4) 음악의 미적 가치(Aesthetic Valuation of Music)

음악의 미적 가치는 정보에 근거한 평가와 음악작품에 대한 면밀한 평론을 제공하기 위해 필요한 지식에 초점을 맞춘다. 또한 아름다움과 마음 및 정신을 다룬다(음악 미학). 음악의 가치 평가는 개인이 음악에 대한 학문적인 판단과 개인적인 판단을 구별하는 것을 허용할 것이다.

• Prepared Graduates

준비된 졸업생(Prepared Graduate)의 능력은 콜로라도 주 교육체제를 수료한 모든 학생이 중고등 과정 후와 직업 환경에서 그들의 성공을 보장하기 위해 숙달해야 하는 유아학교(Preschool)부터 12학년까지의 개념과 기술이다.

• 음악표준영역 중 '음악의 미적 가치'에 준비된 졸업생의 역량(PreK-12학년 공통)
- 음악작품(musical works)의 효과와 미적 질, 기술적 우수함, 음악성을 기반으로 한 연주 또는 설득력 있는 느낌의 표현과 문화와 관련된 생각 그리고 사상적 연관성에 대해 정보에 근거한 비평적인 평가를 한다.
- 정보에 근거한 개인의 음악적 선택을 위한 틀을 개발하고, 음악적 선택하기와 선택 옹호하기에 그 틀을 활용한다.
- 음악에서 인간의 경험과 관련된, 주어진 양식과 장르의 특정한 특징에 적절한, 미묘한 차이가 있는 미적 이해를 보여 준다.
- 연주 환경에서 참가자 각각의 위치를 알고 적절한 청중의 참여를 실천한다; 삶에서 음악의 위치와 중요성을 인식한다.

■ 내용영역: 음악

■ 기준: 4. 음악의 미적 가치

• **Prepared Graduates**
  – 음악작품의 효과와 미적 질, 기술적 우수함, 음악성을 기반으로 한 연주 또는 설득력 있는 느낌의 표현과 문화와 관련된 생각 그리고 사상적 연관성에 대해 정보에 근거한 비평적인 평가를 한다.
  – 정보에 근거한 개인의 음악적 선택을 위한 틀을 개발하고, 음악적 선택하기와 선택 옹호하기에 그 틀을 활용한다.

학년수준 기대: 5세(Kindergarten)

• 학생이 습득하는 개념과 기술
  1. 음악적 환경에서 다른 사람들의 기여에 대한 존중 표현하기

보이는 결과	21세기 기술과 준비도 역량
• **학생들은 아래와 같이 할 수 있다.** a. 라이브 또는 녹음된 음악 공연에서 적절한 청중의 행동을 표현할 수 있다(DOK 1-2). b. 자신의 말과 적절한 수준으로 음악적 선호를 표현할 수 있다 (DOK 1-3).	• **탐구 문제** 1. 연주에서 청중이 안정된 듣기 기술을 사용하지 않을 때 어떤 일이 발생할까? 2. 서로 경의를 표하는 것이 청중에게 왜 중요한가? 3. 일부 사람들에게 왜 음악이 특별한가? • **관련(Relevance)과 적용** 1. 음악에 대한 개인적 선호를 보여 주는 설명하거나 그림 그리기는 음악이 어떻게 사람들에게 감정을 느끼게 하는지 또는 그들이 어떻게 다양한 스타일의 음악을 평가하거나 인식하는지를 분명히 표현하기 위한 초기 방식을 제공한다. 2. 특정한 이야기책의 등장 인물과 같은 어떤 종류의 음악에 대해 토론하는 것은 다양한 종류의 음악에 의미와 맥락을 부여하는 초기 능력을 형성한다. • **음악의 본질** 1. 음악 선호도는 개개인만큼 독특할 수 있다.

- **Prepared Graduates**
  - 음악이 인간의 경험과 관련되듯이, 주어진 양식과 장르의 특징에 적절한 음악의 미적 이해를 보여 준다.
  - 연주 환경에서 참여자 각각의 위치를 알고 적절한 청중으로서의 참여를 연습한다; 삶에서 음악의 위치와 중요성을 인식한다.

학년수준 기대: 5세(Kindergarten)

- **학생이 습득하는 개념과 기술**

  2. 기초적인 수준에서 음악 연주에 반응하기

보이는 결과	21세기 기술과 준비도 역량
• **학생들은 아래와 같이 할 수 있다.** a. 특정한 음악적 분위기와 양식에 일치하는 움직임을 창작할 수 있다(DOK 2-4). b. 특정한 목적으로 쓰인 음악(노동요, 자장가 등)을 식별하고, 듣고, 토론할 수 있다(DOK 1-3).	• **탐구 문제** 1. 사람들은 왜 특정한 양식의 음악에 대해 특정한 움직임을 나타내고 다른 양식의 음악에서는 움직이지 않는 것을 선택하는가? 2. 음악의 어떤 측면이 전달되는 느낌을 바꿀 수 있으며 그것은 음악을 만들기 위해 어떻게 작용하는가? 3. 기본적인 음악 요소들은 생각 또는 감정을 어떻게 전하는가? • **관련(Relevance)과 적용** 1. 어린 학습자에게 음악에 반응할 발달에 적합한 기회를 제공하는 것은 음악이 감정 또는 소리의 선호를 통한 반응을 고취시킨다는 기초적인 이해를 형성한다. • **음악의 본질** 1. 음악은 예술 형식이고 사람들이 어떻게 세상을 인지하는지 알릴 뿐만 아니라 생각과 감정을 표현하기 위해 존재한다.

- **Prepared Graduates**
  - 음악이 인간의 경험과 관련되듯이, 주어진 양식과 장르의 특징에 적절한 음악의 미적 이해를 보여 준다.
  - 연주 환경에서 참여자 각각의 위치를 알고 적절한 청중으로서의 참여를 연습한다; 삶에서 음악의 위치와 중요성을 인식한다.

- **학생이 습득하는 개념과 기술**
  3. 일상생활에서의 음악과 축하 행사를 인식하고 토론하기

보이는 결과	21세기 기술과 준비도 역량
• **학생들은 아래와 같이 할 수 있다.** a. 만화, 컴퓨터 게임, 지역사회 그리고 가정 행사와 같은 출처에서의 음악의 사용을 설명할 수 있다(DOK 1-2). b. 다양한 음악 양식(행진곡과 자장가 같은)을 듣고 반응할 수 있다 (DOK 1-2). c. 구체적인 명명과 일반적인 문화의 관련성을 적용하여 다양한 문화에서의 악기와 목소리의 사용을 묘사하기 위해 개인적 어휘를 사용할 수 있다(DOK 1-2). d. 다양한 장르, 양식 그리고 시대(리듬과 선율)의 음악에 반응하여 발달에 적합한 움직임을 사용할 수 있다(DOK 1-2).	• **탐구 문제** 1. 다양한 목적으로 작곡된 음악은 특정한 경험에 어떻게 기여하는가? 2. 무엇이 다양한 악기와 서로 다른 소리의 목소리를 만들어 내는가? 3. 한 문화의 음악에 대한 움직임은 다른 문화와 어떻게 다른가? 4. 음악 양식에서 무엇이 차이를 만드는가? • **관련(Relevance)과 적용** 1. 사회에서의 음악의 이용에 대해 다양한 예와 경험을 제공하는 것은 개별적 경험, 가족 행사 그리고 지역사회 행사에서 음악이 가지는 역할에 대한 기초적 이해를 형성한다. • **음악의 본질** 1. 음악은 사람들의 삶에서 많은 용도와 기능이 있다. 2. 사람들은 자신의 말로 음악을 표현하는데, 다른 사람들의 표현이 다를지도 모르지만 동등하게 유효하다.

- **Prepared Graduates**
  - 음악이 인간의 경험과 관련되듯이, 주어진 양식과 장르의 특징에 적절한 음악의 미적 이해를 보여 준다.
  - 연주 환경에서 참여자 각각의 위치를 알고 적절한 청중으로서의 참여를 연습한다; 삶에서 음악의 위치와 중요성을 인식한다.

학년수준 기대: 5세 미만(Preschool)

- **학생이 습득하는 개념과 기술**
  1. 음악의 기여에 대해 존중 표현하기

보이는 결과	21세기 기술과 준비도 역량
• **학생들은 아래와 같이 할 수 있다.** a. 라이브나 녹음된 음악의 선택에 적절한 듣기를 표현할 수 있다(DOK 1-2).	• **탐구 문제** 1. 음악을 듣는 동안 이야기하기 적절하거나 적절하지 않은 때는 언제인가? 2. 다른 사람에게 경의를 표하는 것은 무엇을 의미하는가?
	• **관련(Relevance)과 적용** 1. 음악을 듣는 방법(헤드폰, 청중으로, 컴퓨터로 또는 오디오 장치로)에 대해 토론하는 것은 일상생활에서 음악이 기여하는 많은 목적과 기능에 대한 연계성을 제공한다..
	• **음악의 본질** 1. 음악 연주에서 청중의 역할은 다른 사람에게 경의를 표하는 것을 포함한다.

- **Prepared Graduates**
  - 음악작품의 효과와 미적 질, 기술적 우수함, 음악성을 기반으로 한 연주 또는 설득력 있는 느낌의 표현과 문화와 관련된 생각 그리고 사상적 연관성에 대해 정보에 근거한 비평적인 평가를 한다.

학년수준 기대: 5세 미만(Preschool)

- **학생이 습득하는 개념과 기술**
  2. 음악에 반응하여 느낌 표현하기

보이는 결과	21세기 기술과 준비도 역량
• 학생들은 아래와 같이 할 수 있다. a. 음악에 반응하여 움직임을 창작할 수 있다(DOK 1-2). b. 음악 활동에 자유롭게 참여할 수 있다(DOK 1-2). c. 음악에서 표현하는 느낌에 대해 이야기할 수 있다(DOK 1-2).	• **탐구 문제** 1. 전해지는 느낌을 바꿀 수 있는 구체적인 음악 요소는 무엇인가? 2. 사람들은 곡에 맞춰 만드는 움직임을 어떻게 결정하는가? 3. 음악을 경험하는 것은 왜 즐거운가? • **관련(Relevance)과 적용** 1. 감정과 음악의 연계성에 대한 기초적인 이해를 확립하는 것은 음악을 통해 만들어진 감정과 분위기를 적용하는 기초적인 능력을 형성한다. 2. 음악이 어떻게 그리고 어디에서 들리는지 토론하는 것은 일상생활에서의 음악의 연계성을 확립한다. • **음악의 본질** 1. 사람들은 음악을 통해서 그들의 느낌을 표현한다.

- **Prepared Graduates**
  - 연주 환경에서 참여자 각각의 위치를 알고 적절한 청중으로서의 참여를 연습한다; 삶에서 음악의 위치와 중요성을 인식한다.

학년수준 기대: 5세 미만(Preschool)

- **학생이 습득하는 개념과 기술**
  3. 일상생활에서의 음악 인식

보이는 결과	21세기 기술과 준비도 역량
• **학생들은 아래와 같이 할 수 있다.** a. 만화, 컴퓨터 게임, 지역사회 그리고 가정의 행사에서 나온 음악 같은 예를 사용할 수 있다(DOK 1-2). b. 다양한 문화의 음악을 묘사하기 위해 개인적 어휘를 사용할 수 있다(DOK 1-2).	• **탐구 문제** 1. 다양한 목적을 위해 작곡된 음악은 구체적인 경험에 어떻게 기여하는가? 2. 사람들은 다양한 악기군의 악기 소리를 어떻게 묘사하는가? 3. 사람들은 음악에 맞춰 그들이 만든 다른 종류의 움직임을 어떻게 묘사하는가? • **관련(Relevance)과 적용** 1. 라이브 또는 녹음된 음악처럼 음악적 예(example)를 식별하는 것은 세부 사항을 듣는 기초적인 능력을 형성한다. 2. 다양한 장르, 양식 그리고 시대의 음악에 맞춰 반응하는 발달에 적합한 움직임을 사용하는 것은 음악이 개별적인 경험이고 사회의 가치와 목적을 지니고 있다는 기초적인 이해를 확립한다. • **음악의 본질** 1. 사람들이 자신의 말로 음악을 묘사하는 것은 음악을 이해하는 것을 돕는다.

6. 결론

미국의 교육과정과 학제는 각 주에 따라 다양하며 교육과정을 구성하는 권한도 지방분권적인 형태로 각 주에서 담당하고 있다. 그러므로 미국의 유아음악교육과정을 소개하기 위해 하나의 교육과정을 선택하여 제시하기에는 무리가 있다. 전미예술교육협회에서 최근 발표한 국가공통핵심예술표준은 전 주에 걸쳐 교육 전문가, 교사, 교육행정가 등이 참여하여 구성하였고 이것은 각 주의 예술교육과정을 개정 · 구성하는 데 주요 지침이 된다. 따라서 이 장에서는 2014년에 발표된 국가공통핵심예술표준 중에서 음악영역에 해당하고 유아과정에 해당하는 5세 미만 과정과 5세 과정을 제시하였다. 2014년 국가공통핵심예술표준의 음악영역은 1994년 음악교육국가표준이 발표된 이후 20년 만에 발표된 것으로 1994년에 발표된 음악교육국가표준과 상당한 차이가 있다. 첫째, 1994년 음악교육국가표준이 내용기준과 성취기준으로 나누어 구성되어 있는 데 반해, 2014년 국가공통핵심예술표준에서는 주요 개념과 핵심 질문의 두 가지 영역을 제시하고 있다. 또한 1994년 음악교육국가표준이 K학년부터 12학년까지 9개의 표준을 제시하고 2세부터 5세 미만은 독립적인 4개 영역으로 제시하였던 것에 반해, 국가공통핵심예술표준은 유아기(PreK)부터 12학년까지 네 가지 공통표준을 제시하여 유아기부터의 연계성을 강화하고 예술영역 전체의 통합성을 강조하였다.

국가공통핵심예술표준이 자발적 표준이며 연방정부에서 발표한 것이 아니라 음악교육협회에서 발표한 내용이기 때문에 각 주의 교육과정을 살펴볼 필요가 있는데, 인구 규모나 교육체계를 고려하여 유아음

악교육과정이 비교적 구체적으로 제시된 캘리포니아 주의 2001년 예술
교육표준 중 음악영역과 콜로라도 주의 2009년 발표된 음악교육표준
중 유아음악교육과정을 함께 살펴보았다.

캘리포니아 주의 경우 음악교육과정을 5개의 영역인 예술적 지각,
창의적 표현, 역사적 · 문화적 맥락, 미적 가치 그리고 연계성, 관련과
적용으로 나누어 제시하고 있으며, 콜로라도 주의 경우 4개 영역인 음
악 표현, 음악 창작, 음악 이론, 음악의 미적 가치로 나누어 제시하고
있다. 캘리포니아 주와 콜로라도 주의 유아음악교육과정은 5세 미만과
5세 과정으로 세분화하여 제시하고 있으며, 교육체계를 수료한 모든
학생이 중고등 과정 후와 직업 환경에서 그들의 성공을 보장하기 위해
숙달해야 하는 유아학교(Preschool)부터 12학년까지의 개념과 기술을
제시하고 있다. 특히 콜로라도 주의 경우 학년수준 기대, 습득해야 하
는 개념과 기술, 보이는 결과, 21세기 기술과 준비도 역량, 탐구 문제
등 명확한 성취 목표를 구체적으로 제시하고 있다. 이 두 주의 음악교
육과정은 1994년 발표된 음악교육국가표준을 바탕으로 구성된 것이며,
특히 두 주의 내용은 상당한 공통점을 포함하고 있다. 예를 들면 창의
적 표현, 음악 이론, 음악의 미적 가치는 두 주의 공통 부분이다. 이전
음악교육국가표준(1994)은 유치원과정부터 고등학교과정까지 9개의 기
준으로 제시하였고 5세 미만의 유아음악교육과정에 대해서는 4개의 기
준으로 차별화하여 제시하였는데, 두 주의 유아음악교육과정은 유아
대상의 교육과정부터 중고등 과정까지 동일한 내용 범주로 구성되어
있는 점은 오히려 2014년 국가공통핵심예술표준의 PreK-12로 동일하
게 내용체계를 제시한 것과 유사하다.

전체적으로 미국의 유아음악교육과정의 공통 특징은 유아기부터 중

고등 과정까지가 동일한 내용체계하에 연계되어 제시되고 있으며, 예술표준으로 제시했다 하더라도 예술영역 내의 음악영역에 있어 습득해야 할 개념과 기술, 태도나 가치 등이 매우 구체적으로 진술되어 있다는 것으로 요약할 수 있다.

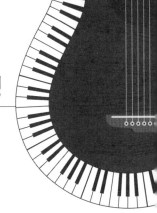

Ⅱ 캐나다의 유아음악교육과정

1. 서론

북아메리카 대륙에 위치한 캐나다는 10개의 주(Newfoundland and Labrador, Prince-Edward Island, Nova Scotia, New Brunswick, Quebec, Ontario, Saskatchewan, Alberta, British Columbia)와 3개의 준주(Yukon, Northwest Territories, Nunavut)로 구성되어 있다. 캐나다 역시 주와 지역에 따라 학제나 교육과정이 다양하게 운영되고 있다.

캐나다 유치원(Kindergarten)은 5세를 대상으로 하는 학교 교육의 일부로서, 주정부의 교육법(또는 학교법)과 관련 조례 및 규칙에 근거해서 운영된다. 유치원이 의무교육은 아니지만(노바스코샤 주와 뉴브런즈윅 주는 유치원이 의무교육임) 주정부가 지원하는 공립유치원이 대부분이다. 5세 유아 대부분이 공립유치원을 이용하는 것으로 보고되었으며, 온타리오 주의 경우 4세 유아도 대부분 유치원을 다니고 있다(Friendly et al., 2007; 육아정책개발센터, 2008 재인용). 온타리오 주에서는 4세 유아가 유치원 교육의 대상에 포함되어 있기도 하다. 캐나다의 경우 국가 수준의 유치원 교육과정은 없으며, 유치원 교육의 성과에 대하여 기대하는 바를 선언적인 형태로 주/준주별로 합의하고 있는 실정이다. 이에 따라 5세 대상의 유치원 교육과정은 내용, 방법 및 평가를 초등 교육과정과 유사한 형태로 운영하고 있는 경우가 대부분이다(육아정책개발센터, 2008).

🔘 용어 정리

- 종일제 조기학습 유치원 프로그램(Full-Day Early Learning-Kindergarten Program): 2011년에 발표된 4, 5세 유아를 위한 유아 중심, 발달에 적합한, 통합된, 확장된 학습 프로그램을 제시하는 지침서로 유아교육과정에 해당한다.
- 학습 기대수준(learning expectation): 이 장에서 제시하고 있는 학습 기대수준이란 성취 목표와 비슷한 개념으로 유아기부터 8학년까지 연속적인 프로그램에 있어 성공적인 미래 학습경험을 위한 기초를 제공하도록 기대하는 정도를 의미한다.
- EL-K team: Early Learning-Kindergarten team의 약자로서 유치원 교사와 종일제 조기학습 유치원 학급(Full-Day Early Learning-Kindergarten classroom)의 유아교육자(들)를 나타낸다.

2. 캐나다의 학제 및 유아교육과정

캐나다의 교육체계는 주마다 다른 형태로 운영되고 있는데, 캐나다 정보센터(Canadian Information Centre for International Credentials, 2010)에서는 캐나다 교육 시스템을 크게 네 가지로 분류해 제시하고 있다. 이 중 두 번째 형태가 가장 많은 8개 주와 준주가 운영하고 있는 교육체계로, 유아음악교육과정을 수록하려는 온타리오 주도 여기에 해당한다.

출처: 2010 Canadian Information Centre for International Credentials, Council of Ministers of Education, Canada.

[그림 1] 캐나다 교육체계

표 2_ 온타리오 주의 학제

과정	학년	연령	학교
대학교육		18세~	대학(College diploma, Bachelor's 등)
후기 중등교육 (Upper Secondary)	9~12학년	14~17세	고등학교 (High school)
초등교육 (Elementary education)	1~8학년	6~13세	초등학교
유아교육 (Preschool education)		5세	Kindergarten
		4세	Junior Kindergarten

이 장에서는 캐나다 유아음악교육과정을 온타리오 주를 중심으로 살펴보려고 한다. 온타리오 주의 학제는 〈표 2〉와 같다.

[그림 1]과 같이 캐나다의 학제는 주별로 차이가 있으나 온타리오 주의 경우 전일제 유치원(4~5세), 초등학교(1~8학년/6~13세), 중고등학교(9~12학년/14~17세) 등으로 학제가 나누어진다(캐나다 온타리오 주 교육부, 2010). 유아교육에 해당하는 시기는 노바스코샤 주를 제외하고 초등학교 이전 5세 이하의 과정에 해당하며, 온타리오 주의 경우 4, 5세 대상의 유치원(Junior Kindergarten/Kindergarten) 교육인 2010년 종일제 조기학습 유치원 프로그램(The Full-Day Early Learning-Kindergarten Program)이 발표되어 유아교육과정 개정이 이루어졌다. 2010년 초판이 나오고 2011년 최종본이 발표된 종일제 조기학습 유치원 프로그램은 2006년에 발표되었던 유치원 프로그램(The Kindergarten Program)을 대체하여 2010년 9월부터 시행되었다.

3. 캐나다의 유아음악교육과정

온타리오 주의 유아음악교육과정의 경우, 2010년 유아교육과정에 해당하는 종일제 조기학습 유치원 프로그램이 발표되어 유아교육과정의 목표와 기본 원칙, 학습의 기대수준 등을 6개의 학습영역으로 제시하고 있다. 이 여섯 가지는 개인적 · 사회적 발달, 언어, 수학, 과학과 기술, 건강과 신체 활동 그리고 예술인데 여기서는 예술영역 내 음악 교과와 관련된 부분을 살펴본다.

1) 온타리오 주 유아교육 프로그램

■ 종일제 조기학습 유치원 프로그램: 비전, 목적, 목표

종일제 조기학습 유치원 프로그램(Full-Day Early Learning-Kinder-garten Program, 2010–2011)은 4, 5세 유아를 위한 유아 중심, 발달에 적합한, 통합된, 확장된 학습 프로그램이다. 프로그램의 목적은 모든 유아의 신체적, 사회적, 정서적 그리고 인지적 발달을 촉진하는 안전하고 돌봄의 놀이 기반 환경으로서 초기 학습의 견고한 토대를 확립하기 위한 것이다.

■ 종일제 조기학습 유치원 프로그램의 목표는 다음과 같다:
- 유아에게 학습이 통합된 하루 일과를 제공하여 초기의 견고한 토대를 확립하기 위해
- 놀이 기반 학습 환경을 제공하기 위해
- 유아가 1학년으로 순조롭게 전이하는 것을 돕기 위해

• 유아의 학교와 학교를 넘어 그들 삶에서의 성공 가능성을 향상시
키기 위해

종일제 조기학습 유치원 프로그램은 유아가 가족, 학교, 더 넓은 지
역사회 그리고 세계를 포함한 서로 밀접한 관계가 있는 체계의 복잡한
환경 내에서 발달한다는 이해에 기초한다. 조기학습 프로그램이 전통
적으로 이러한 체계의 중요성을 인정해 왔지만, 유아에게 영향을 주는
각각을 별도로 다루는 경향이 있었다. 그에 반해서 종일제 조기학습
유치원 프로그램은 유아 발달을 위한 체계 간의 상호관계의 중요성을
인식하고 이러한 상호관계를 기반으로 한다. 이런 상호관계를 비전의
중심에 둠으로써 이 프로그램은 유아의 학습을 보다 긍정적으로 도울
수 있다.

• 기본 원칙
  - 여섯 가지 기본 원칙이 종일제 조기학습 유치원 프로그램을 설명
    한다. 그것은 Early Learning for Every Child Today(January 2007,
    pp. 7 - 20; 이후 'ELECT'로 표기함)라는 제목의 온타리오 주의 유아
    교육 환경을 위한 틀의 개요를 서술한 보고서에 대해 유아교육 전
    문가 패널에 의해 개발된 여섯 가지 중요한 원칙에 근거한다. 원
    칙은 '신념, 가치, 경험, 연구 결과'를 반영한다.

- 여섯 가지 원칙은 다음과 같다.
  1. 유아 발달은 일생의 학습, 행동 그리고 건강을 위한 토대를 세운다.
  2. 가족, 지역사회와의 동반자 관계는 유아의 요구를 충족시키기 위한 유아기 환경의 역량을 강화한다.
  3. 다양성, 공정, 통합에 대한 존중은 유아의 권리, 최상의 발달 그리고 학습을 존중하기 위한 전제조건이다.
  4. 계획된 교육과정은 초기 학습을 지원한다.
  5. 놀이는 유아의 자연스러운 호기심과 왕성한 활력을 활용하는 초기 학습을 위한 수단이다.
  6. 아는 것이 많은, 열의를 보이는 교육자는 필수적이다.

■ 학습 기대수준

이 문서의 개요로 서술된 학습 기대수준은 유아기부터 8학년까지 연속적인 프로그램의 첫 단계를 나타낸다. 그것은 성공적인 미래 학습 경험을 위한 기초를 제공하는 학습 성취를 서술한다. 학습 기대수준은 학습의 여섯 가지 영역에 주어진다. 바로 개인적 · 사회적 발달, 언어, 수학, 과학과 기술, 건강과 신체 활동 그리고 예술이다. 여섯 가지 영역의 내용을 정리하면 〈표 3〉과 같다.

표 3_ 학습 기대수준

학습영역	발달영역	기본 개념
개인적 · 사회적 발달 (Personal and Social Development)	사회적, 정서적	유아는 다른 사람과 연결되고 그들의 세계에 이바지한다. 유아는 강한 정체성과 행복감을 갖는다.

언어 (Language)	의사소통/언어, 인지, 정서적	유아는 효과적인 의사소통자이다.
수학 (Mathematics)	의사소통(수리적 문식성), 인지적	유아는 수학과 수리적 사고 그리 고 수리적 추론에 대한 개념적 이해를 갖는다.
과학과 기술 (Science and Technology)	인지적	유아는 호기심이 많고 자신을 둘 러싼 세상을 이해하기 위해 이전 지식과 새로운 맥락을 연결한다.
건강과 신체 활동 (Health and Physical Activity)	신체적	유아는 건전한(건강한) 선택을 하 고 신체적 기술을 개발한다.
예술 (The Arts)	의사소통/언어, 인지적, 정서적, 신체적	유아는 예술 활동에 대해 선천적 인 열린 마음을 갖는다.

학습 기대수준에 기초한 종일제 조기학습 유치원 프로그램은 유아의 삶의 경험과 상황의 가능한 넓은 범위를 고려해야 한다. 기대수준은 발달되어야 하는 일련의 별개 기술을 의미하지 않는다. 그것은 유아 발달의 특정 단계에서 사고방식의 범위를 나타내고, 비판적 사고 기술과 유아에게 적합한 개념과 기술의 연속체를 포함한다.

■ **두 개의 기대수준은 각 학습영역에 대해 다음과 같이 작성된다:**
  • 전반적 기대수준: 종일제 조기학습 유치원 프로그램의 끝 무렵에 유아가 보여 줄 것으로 기대되는 지식과 기술을 일반적인 용어로 기술한 것
  • 구체적 기대수준: 지식과 기술을 더 세부적으로 기술한 것

2) 예술영역(The Arts)

온타리오 주의 종일제 조기학습 유치원 프로그램에서 제시한 6개의 학습영역 중 예술영역에 대하여 살펴보면 다음과 같다.

■ 개요

어린 아이들은 세상에 대해 이해하고 싶어 하는 선천적 욕구를 가진다. 종일제 조기학습 유치원 프로그램에서 예술은 유아에게 커져 가는 자아와 세상에 대한 그들의 이해를 표현할 수 있는 수단을 제공한다. 시각예술, 음악, 춤 그리고 사회극놀이는 유아의 사고와 의사소통 기술 발달에 여러 가지로 기여한다. 유아로 하여금 예술을 통해 자신을 표현할 수 있는 기회를 제공하는 것은 의사 결정 능력을 발달시키고, 기억력을 자극하고, 이해를 가능하게 하며, 상징적 의사소통을 발달시키고, 감각 발달을 촉진하며, 창의적 사고를 격려한다. 또한 예술을 통한 교육은 유아가 성취감을 경험하는 동안 상상력을 불러일으키고, 감정 이입의 발달을 도우며, 관계의 발달을 촉진하고, 자존감을 형성한다. 예술은 유아에게 자신의 문화를 표현하는 것뿐만 아니라 다른 문화를 이해하는 수단이다. 또한 예술을 통한 학습이 유아의 문식성과 산술 능력을 향상시킨다는 사실이 많은 연구로 인해 드러났다.

종일제 조기학습 유치원 프로그램에서 예술에서의 기대는 드라마와 춤, 음악 그리고 시각예술 등 세 가지 부제로 정리된다. 각각의 예술영역은 중요성이 같다. 유아는 자신의 학습을 보여 줄 수 있는 각양각색의 방법을 제공하는 매우 다양한 자료, 자원 그리고 경험에 쉽게 접근할 수 있어야 한다. 창의적인 과정은 예술의 초점이다. 유아의 생각은 그들이 새로운 이론과 아이디어를 테스트할 때 생겨난다. 유아가 자신의 학습을 강화하기 위해서는 자료와 경험에 재방문할 시간이 필요하다. 신중히 계획된 경험과 자료의 조직은 유아가 온종일 시각예술, 음악 그리고 드라마와 춤의 자료, 도구, 과정을 탐구할 수 있게 한다. 교실의 다양한 학습영역(예를 들어 인형영역, 극화영역, 예술영역)은 유아가 자신의 학습을 적용하고 확장하기 위한 기회를 제공한다.

유아가 자신을 예술가, 음악가, 무용수 그리고 배우로 보는 것은 중요하다. 예술 활동과 경험은 유아가 예술의 과정에 완전히 포함되는 의미 있는 맥락으로 삽입되어야 한다. 일반적인 예술 활동(예를 들어 미리 잘려 있는 모양으로 작업하기)은 사용되지 않아야 한다. 이는 초점이 좁으며 유아의 이해수준에 대해 제한된 평가 정보만 제공하기 때문에 효과적이지 못하다. 유아는 자신의 선택과 반응이 존중되며 소중하게 여겨진다고 확신하는, 위협적이지 않은 환경에서 상상하고 창작하고 탐구할 시간을 필요로 한다.

유아에게 예술을 통해 자신을 표현할 기회를 제공하는 것은 모든 학습영역에서 그들이 성장하는 이해를 지원한다. 예술 활동은 다른 영역에서의 기대 학습을 지원하기 위해서 뿐만 아니라 다양한 학습 스타일, 관심 그리고 개별 유아의 능력을 지원하기 위해 통합되어야 한다. 다양한 예술 형식에의 노출과 참여는 유아에게 예술에 대한 일생의 관심과 감상을 위한 토대를 제공할 것이다.

조기학습 유치원 팀(Early Learning-Kindergarten team)*은 유아의 예술

---

* Early Learning-Kindergarten team은 유치원 교사와 종일제 조기학습 유치원 학급(Full-Day Early Learning-Kindergarten classroom)의 유아교육자(들)를 나타낸다. 약어 'EL-K team'은 본문의 나머지와 이 부분의 차트(도표)에서 계속 사용될 것이다.

에 대한 노출을 높이고 직업으로서 그리고 지역 문화와 지역사회의 반영으로서 예술을 소개하기 위해 학교의 예술과 관련된 지역 예술가 또는 유아의 가족 구성원을 초대할 수 있다.

3) 음악

종일제 조기학습 유치원 프로그램의 예술영역은 드라마와 춤, 음악, 시각예술의 세 가지 하위 영역으로 나누어 제시되고 있는데 이 중 음악 영역을 발췌하여 제시하면 다음과 같다.

■ **전반적 기대수준(Overall Expectations)**

종일제 조기학습 유치원 프로그램의 끝 무렵에 유아는:

음악 1. 음악 활동의 참여를 통해 음악가로서 자기 자신의 인식을 나타낼 것이다.

음악 2. 음악과 음악 활동에 노출시켜 습득한 기본 지식과 기술을 나타낼 것이다.

음악 3. 개인적으로 또한 타인과 함께 음악에 사용되는 기술, 자료, 과정, 기법을 경험할 때 문제 해결 전략을 사용할 것이다.

음악 4. 다른 문화를 포함한 음악의 다양한 형식에 대한 반응을 표현할 것이다.

음악 5. 음악을 통해 그들의 생각을 소통할 것이다.

• 음악 1의 전반적 기대수준

유아는 음악 활동의 참여를 통해 음악가로서 자기 자신의 인식을 나타낸다.

구체적 기대수준		
종일제 조기학습 유치원 프로그램을 통해 발달할 때 유아는:	연계하기 유아가 그들의 학습을 나타낼 수 있는 방법	연계하기 EL-K team의 의도적 상호작용
음악 1.1 음악에서의 개인적 흥미와 성취감의 의식을 나타낸다(예: 학급 노래에 자신의 아이디어를 말한다. 노래의 반주를 창작한다). 음악 1.2 익숙하거나 새로운 방식으로 음악을 창작하기 위해 그들 자신의 선택으로 다양한 도구와 자료들을 탐색한다(예: 숟가락, 캐스터네츠, 리듬막대, 음악 소프트웨어 프로그램).	**말하기** "나는 심벌즈를 사용하는 것을 좋아해." "나는 천둥소리를 낼 때 드럼을 사용해." "나 그 노래를 알아. 널 위해 그 노래를 부를 거야." **행동하기** 두 유아가 노래를 창작하고 녹음하기 위해 간단한 음악 소프트웨어를 사용해서 함께 컴퓨터 작업을 한다. **표현하기** 친숙한 노래의 박자를 맞추기 위해 유아는 학습영역에서 만든 쉐이커(shaker)를 사용한다.	**반응하기** "바람 소리를 만들기 위해 우리가 어떤 도구나 자료를 사용할 수 있을까?" "네가 그 노래를 좋아한다고 말했었지. 그 노래의 어디가 좋니?" **도전하기** EL-K team의 멤버는 유아가 그들의 노래를 만들고 녹음하는 동안 유아와 함께 컴퓨터를 한다. "어떤 종류의 음악을 만들기로 결정하였니?" "너의 노래에 어떤 종류의 소리들을 사용하기로 결정하였니?" **확장하기** EL-K team의 멤버는 유아가 그들의 새 노래를 학급 웹 페이지에 올리도록 제안하고, 그 과정을 용이하게 한다.

• 음악 2의 전반적 기대수준

유아는 음악과 음악 활동에 노출시켜 습득한 기본 지식과 기술을 나타낸다.

구체적 기대수준		
종일제 조기학습 유치원 프로그램을 통해 발달할 때 유아는:	연계하기 유아가 그들의 학습을 나타낼 수 있는 방법	연계하기 EL-K team의 의도적 상호작용
음악 2.1 다른 종류의 음악 요소들(예: 박, 음질, 빠르기, 음량)을 탐색한다(예: 노래의 박자에 맞춰 손뼉 치기, 카펫과 타일을 발로 두드리고 소리 비교하기, 노래 반주를 위해 다른 악기들을 탐색하기).	**말하기** "이것은 드럼이야. 이건 울리는 큰 소리를 내." "이 노래는 계속 빨라져." "나는 발로 박자를 맞추고 있어." **행동하기** 탐색하는 동안 유아는 나무 블록으로 바닥을 칠 때 소리가 나는 것을 발견한다. 유아는 더 탐색해 보기로 결정하고 카펫에 나무 블록을 떨어뜨리고 다른 블록도 떨어뜨린다. **표현하기** 유아는 자신이 지은 이야기에 음향 효과를 첨가하기 위해 컴퓨터 소프트웨어를 사용한다.	**반응하기** "악기로 다른 종류의 소리를 만들 수 있겠니?" "말발굽 소리를 만들기 위해 어떤 악기를 사용할 수 있겠니?" "만약 네가 이 노래를 더 빠르고 더 작게 부른다면 어떤 소리가 날지 궁금해." "가수가 왜 마지막 절을 빠르게 불렀는지 궁금해." **도전하기** "네가 좋아하는 노래에서 박과 쉼표를 나타내기 위해 만들어 낸 기호를 사용해." **확장하기** 패턴 개념을 강화하기 위해 EL-K team의 멤버는 차트 종이에 인쇄하여 교실에 걸어 두었던 친숙한 노래와 시의 가사, 선율, 박, 리듬의 패턴을 유아가 식별하도록 한다.

• 음악 3의 전반적 기대수준

유아는 개인적으로 또한 타인과 함께 음악에 사용되는 기술, 자료, 과정, 기법을 경험할 때 문제 해결 전략을 사용한다.

구체적 기대수준		
종일제 조기학습 유치원 프로그램을 통해 발달할 때 유아는:	연계하기 유아가 그들의 학습을 나타낼 수 있는 방법	연계하기 EL-K team의 의도적 상호작용
음악 3.1 음악을 창작하는 데 문제 해결 능력과 상상력을 사용한다(예: 친숙한 노래를 반주하는 데 리듬 패턴을 만들기 위해 다른 악기를 탐색; 반에서 익숙한 노래의 변주곡을 만드는 데 자신의 의견 말하기).	**말하기** "우리는 이 방법을 시도했는데 효과가 없었어. 그래서 우리는 다시 시도했고 이건 들리는 것과 같아." "우리는 이 부분을 바꿨어. 그래서 이건 다르게 들려." **행동하기** 소그룹의 유아들은 전체 학급이 학교 회의에 참석하기 위해 좋아하는 패턴 책의 뮤지컬 버전을 만들었다. **표현하기** 두 유아는 서로 다른 리듬악기를 사용하기로 결정했다. 한 유아는 리듬을 연주하고, 다른 유아는 그것을 따라 하기로 하였다. 유아들은 각각의 리듬 패턴을 표현하기 위한 노력을 계속하였다.	**반응하기** "이번에 우리가 노래할 때 목소리를 어떻게 바꿀 수 있니?" "우리의 몸을 사용해서 어떤 리듬을 만들어 낼 수 있을까?" **도전하기** "우리의 다음 회의에서 공유하기 위해 네 노래를 사용해야만 해. 너는 몇몇 악기를 추가하고 싶다고 이야기했어. 어떤 악기를 추가하고 싶니?" **확장하기** "아기가 잠드는 데 도움이 되도록 이 노래를 어떻게 바꿀지 말해 봐."

• 음악 4의 전반적 기대수준

유아는 다른 문화를 포함한 음악의 다양한 형식에 대한 반응을 표현한다.

■ 전문적 학습 대화(Professional Learning Conversations)

EL-K team은 유아를 위한 음악교육에 대하여 (자료를) 읽어 왔다. 그들의 읽기에 기초해서 팀 멤버들은 어떻게 음악이 읽기와 추론 기술, 수학과 과학 개념의 발달을 돕고 자아존중감을 향상시키는지 토론한다. 팀은 읽기 능력의 발달을 지원하는 수단으로서 음악의 다른 리듬을 탐색하는 데 첫 번째로 초점을 맞추는 것을 결정한다. 유아의 이전 지식과 경험을 연계하는 데 도움을 주기 위해서 팀 멤버들은 교실 내 유아들의 다양한 문화에서의 음악을 사용하기로 결정한다. 부모들은 그들의 문화와 관련된 음반을 공유하는 것을 자원한다. 유아는 다른 방식으로 리듬을 보여 주고 교실에서 읽었던 시, 찬트, 노래들과 그 리듬을 비교한다. 팀 멤버들은 다음의 계획을 위해 관찰하고, 기록하고, 관찰한 것을 토의한다.

구체적 기대수준		
종일제 조기학습 유치원 프로그램을 통해 발달할 때 유아는:	연계하기 유아가 그들의 학습을 나타낼 수 있는 방법	연계하기 EL-K team의 의도적 상호작용
음악 4.1 움직이고, 그들의 경험과 연계시키고, 음악의 형식에 대해 이야기함으로써 음악에 대한 반응을 표현한다. 음악 4.2 자신의 문화를 포함한 다양한 문화의 음악에 반응한다(예: 민요(folk songs), 호주 원주민의 찬트(Aboriginal chants), 다른 언어의 노래).	**말하기** "난 이 노래를 결혼식에서 들었어. 이 노래는 나를 춤추고 싶게 해." "나는 내 언어로 노래를 부를 수 있어." "이 노래는 무척 슬프게 들려. 이것은 공원에 있는 군인 동상이 생각나게 해. 그것도 슬프게 보였어." **행동하기** 미술영역에서 유아는 EL-K team이 배경으로 틀어 놓은 음악을 들으며 선정된 다양한 음악의 리듬과 흐름에 맞춰 그림 붓을 움직인다. **표현하기** 소그룹의 유아들은 같은 음악작품에 대한 그들의 개인적인 반응을 묘사한다. EL-K team은 상호작용적 쓰기 활동을 통해 이러한 반응들을 기록한다.	**반응하기** "이 노래는 어떤 것이 생각나게 하니/어떤 기분이 들게 하니?" "이 음악을 들었을 때 어떤 기분이 들었니?" **도전하기** "배경음악이 어떤 느낌을 주는지 표현하려고 물감을 사용했구나. 같은 느낌을 표현하기 위해 어떻게 몸을 움직일 수 있었니?" **확장하기** EL-K team은 차트(chart paper)에 다른 문화의 몇몇 민요의 가사를 적는다. 그들은 유아에게 유아가 의식한 가사에 대해 묻는다.

• 음악 5의 전반적 기대수준

유아는 음악을 통해 그들의 생각을 소통한다.

구체적 기대수준		
종일제 조기학습 유치원 프로그램을 통해 발달할 때 유아는:	연계하기 유아가 그들의 학습을 나타낼 수 있는 방법	연계하기 EL-K team의 의도적 상호작용
음악 5.1 소리, 리듬, 음악을 통해 어떤 것(예: 책, 경험, 그림)에 대한 그들의 생각을 소통한다(예: 노래나 찬트 만들기, 음향효과 만들기, 노래나 시를 돋보이게 하기 위해 리듬 사용하기).	**말하기** "우리는 천둥소리처럼 들리는 막대를 만들었어." "이 이야기책은 노래 같아. 왜냐하면……" **행동하기** 시 낭독을 들을 때 유아는 시의 리듬에 맞추어 조용히 손뼉을 친다. **표현하기** 그룹의 유아들은 다른 친구들에게 정리할 시간이라는 것을 말하기 위한 찬트를 만든다.	**반응하기** EL-K team은 새 책에 대한 그들의 반응을 전달하기 위해 어떻게 음악을 사용하는지 유아에게 모델을 보인다. "너는 그 이야기가 너를 슬프게 했다고 말했어. 내가 이야기를 읽을 때 너는 드럼을 매우 느리게 쳤어. 그게 매우 슬픈 소리를 만들었지." **도전하기** EL-K team은 유아에게 다른 문화의 일련의 그림을 보여 준다. 그리고 각각의 유아에게 그 그림의 좋은 '반주'인 리듬을 만들도록 요청한다. **확장하기** EL-K team은 그림의 '반주'로 표현한 리듬에 맞는 찬트 만들기를 용이하게 하기 위해서 유아와 함께 작업한다.

4. 결론

캐나다는 미국과 마찬가지로 주별로 학제와 교육과정 구성을 다양화하고 있다. 이러한 캐나다의 교육체계는 주마다 다른 형태로 운영되고 있는데, 크게 네 가지로 교육체계를 분류할 수 있다. 온타리오 주는 네 가지 형태 중 가장 많은 8개 주가 운영하고 있는 교육체계 형태에 포함되는데, 4, 5세 종일제 유치원에 해당하는 유아교육과정, 초등학교와 중고등학교 그리고 대학교육과정이다. 이 장에서는 캐나다의 유아음악 교육과정을 온타리오 주의 종일제 조기학습 유치원 교육 프로그램(2010-2011)을 중심으로 살펴보았다. 종일제 조기학습 유치원 프로그램은 유아교육과정의 목표와 기본 원칙 그리고 학습 기대수준 등을 여섯 가지 학습영역으로 제시하고 있다. 이 여섯 가지는 개인적 · 사회적 발달, 언어, 수학, 과학과 기술, 건강과 신체 활동 그리고 예술이며, 예술 영역 내 음악교과와 관련된 부분을 중심으로 이 장에서 살펴보았다.

종일제 유치원 교육과정의 음악영역의 내용체계는 종일제 조기학습 유치원 프로그램(Full-Day Early Learning-Kindergarten Program)을 마칠 무렵에 기대할 수 있는 전반적인 기대수준을 다섯 가지로 제시하고 있는데, 첫째, 음악 활동의 참여를 통해 음악가로서 자기 자신의 인식을 나타내는 것, 둘째, 음악과 음악 활동에 노출시켜 습득한 기본 지식과 기술을 나타내는 것, 셋째, 개인적으로 또한 타인과 함께 음악에 사용되는 기술, 자료, 과정, 기법을 경험할 때 문제 해결 전략을 사용하는 것, 넷째, 다른 문화를 포함한 음악의 다양한 형식에 대한 반응을 표현하는 것, 다섯째, 음악을 통해 그들의 생각을 소통하는 것이다. 또한 음악영역 내용체계에는 구체적인 기대수준 그리고 유아가 적용할 수 있는 연계 내용과 교사들이 상호작용해야 하는 연계 내용이 구체적으로 명시되어 있다.

캐나다 유아음악교육과정의 내용은 개념적 진술보다 구체적인 문장의 형태로 제시되어 있는 것이 특징인데, 구체적인 교사의 상호작용이나 유아들의 상호작용을 예시로 제시하고 있다. 유아가 적용할 수 있는 연계 내용 범주는 말하기, 행동하기, 표현하기로 나누어 구체적으로 제시하고 있으며, 유아교육 팀(교사)이 연계할 수 있는 상호작용 내용은 반응하기, 도전하기, 확장하기의 단계적인 형태로 제시하여 체계적인 유아음악교육 활동을 계획하고 진행하며 평가하는 데 매우 유용하게 구성되어 있다. 이에 비해 음악 개념이나 요소는 명시되어 있기는 하지만 제한적으로 제시되어 있으며, 악기 연주나 노래 부르기의 기술이나 태도 등의 구체적인 내용보다는 음악을 탐색하고 음악에 상상력을 사용하며 음악에 대한 반응을 하는 등 통합적인 형태로 진술되어 있다.

Ⅲ 핀란드의 유아음악교육과정

1. 서론

유럽 북부 스칸디나비아 반도 북동쪽에 위치한 핀란드는 교육강국으로 알려진 나라로서 의무교육이 7세부터 이루어진다. 2003년 발표한 국가수준 영유아 교육 · 보육과정(the National Curriculum Framework for Early Childhood Education and Care in Finland)은 유아교육과 보육의 총체적인 통합 교육과정으로, 모든 영유아가 배우고 습득해야 할 기본 내용의 틀을 국가수준에서 제시하였다는 데 의의가 있다(육아정책개발센터, 2009).

0~6세까지의 영유아 교육 · 보육은 주로 보건복지부(the ministry of social affairs and health)에서 관할한다. 0~6세 영유아의 유아교육 · 보육(ECEC) 정책을 연구하는 국책연구기관으로는 국립 보건복지연구센터(the national research and development center for welfare and health, STAKES)가 있다. STAKES는 국가수준의 보육 통계, 정기 간행물 및 연구물, 조사 자료 등의 정보를 구축하는 작업을 담당하고 있으며(OECD, 2005), 2003년에 제정된 국가수준의 영유아 교육 · 보육과정(The national curriculum guidelines in ECEC)도 여기서 개발하였다. 취학 전 6세아의 초등 직전 교육을 담당하는 정부의 책임부처는 교육부(the ministry of education)이다. 국가교육위원회(the finish national board of education)는 유아학교 교육과정과 방과 후 활동에 관한 규정 등을 개발한다.

　ECEC의 내용은 국가수준 유아교육 · 보육과정 지도서(National Curriculum Guidelines on ECEC, 2003)에 의해 안내된다. 취학 전 교육(Pre-primary education)은 국가 핵심 취학 전 교육과정(National Core Curriculum for Pre-primary Education, 2010)의 체계 내에서 작성된 지역 교육과정에 근거한다. 취학 전 교육은 학교를 위한 준비에 중점을 둔다. 국가 핵심교육과정은 지방 당국과 지역의 보육시설(day-care centres) 그리고 학교를 포함한 이해 당사자의 폭넓은 협력을 통해 마련되었다. 교육 제공자(교사)는 국가 핵심교육과정을 기초로 한 지역별 교육과정을 의무적으로 적용하게 된다. 국가 핵심 취학 전 교육과정은 2010년에 개정되었다.

　국가 표준 ECEC는 2013년 1월 1일자로 교육문화부(the ministry of education and culture)의 책임이다. 취학 전 교육의 핵심교육과정은 기초 교육에서 진행 중인 교육과정 개혁의 일부분으로 개정되고 있다.

2. 핀란드의 학제 및 유아교육과정

핀란드의 의무교육은 7세부터 시작되며 초등교육과 기초 중등교육이 통합된 기초교육(Basic education, 7~16세), 일반 고등학교(General upper secondary school)나 실업계 고등학교(Vocational schools and apprenticeship training)에서 이수하는 상급 중등교육과정(3년), 전문대(Poly technic)와 대학으로 구성되어 있는 고등교육과정으로 구성된다(표 4). 대부분의 교육과 훈련이 공적 재원으로 이루어지며 준비물을 비롯한 수업료는 전액 무료이다.

이 가운데 6세까지가 유아교육에 해당되는데 유치원(K)은 6세 유아 대부분이 다니며, 유아학교에 다니는 유아 중 70%는 보육시설도 이용한다.

취학 전 연령의 모든 유아는 유아교육·보육(Early childhood education and care, ECEC)에서 개인적인 권리를 갖는다. 유아교육·보육(ECEC)의 주된 형태는 보육시설(day care centres)과 가정보육시설(family day care)로 조직된 보육 형태이다. 다른 형태의 ECEC 서비스는 지역 교구(local parishes)나 다른 민간 조직 그리고 유아와 그 가족을 위해 지방자치 당국이 조직한 열린 유아교육 활동의 다양한 형태를 포함한다.

ECEC의 일부분인 취학 전(초등 직전) 교육(Pre-primary education)은 체계적인 교육이고, 지도는 의무교육을 시작하기 이전 해에 제공된다.

표 4_ 핀란드의 학제

과정	학년	연령	학교	
고등교육 (Higher education)		20세 이후	전문대(Poly technic), 대학	
후기중등교육 (Upper secondary education)	9~12학년	15~19세	고등학교 (Upper secondary school)	
기초교육 (Basic education)	5~8학년	11~14세	중등학교 (Lower secondary school)	종합학교 (Comprehensive school) 의무교육
	1~4학년	7~10세	초등학교 (Primary school)	
취학전교육 (Pre-primary education)	K	6세	유치원 (Kindergarten)	
유아교육과 보육 (Early childhood education and care)		0~5세	유아학교, 보육시설 (Preschool, Day care center)	

출처 : Jari, Lavonen(2009). Science and Science Teacher Education in Finland.

취학 전 교육에 참여하는 것은 자발적이지만, 거의 모든 6세 유아가 등록한다. 취학 전 교육은 보육시설과 학교에서 이루어진다(육아정책개발센터, 2009).

3. 핀란드의 유아음악교육과정

핀란드에서 5세까지는 유아교육 · 보육과정* 지도서(National Curriculum Guidelines on Early Childhood Education and Care in Finland, 2003)를 따르며, 취학 직전 연령인 6세는 국가 핵심 취학 전 교육과정(National Core Curriculum for Pre-primary Education, 2010)을 따른다. 따라서 이 두 가지 문서에서 유아음악교육과정에 해당되는 부분을 발췌하여 제시하였다. 먼저 핀란드 유아교육 · 보육과정 지도서에는 유아음악만 독립적으로 제시된 부분은 없고 예술경험 제공에 대한 내용과 교육과정 방향에 관한 내용이 있어 그 부분을 발췌하여 살펴보았다.

1) 핀란드 유아교육 · 보육과정 지도서

유아의 행동방식

예술적 경험과 자기 표현

• 유아의 의미 있는 경험

유아는 음악, 미술, 춤, 드라마, 수공예품, 유아문학 등 다양한 예술활동을 장려하는 발달적 환경에서 기본적인 예술경험을 얻는다. 이런

---

* http://www.thl.fi/thl-client/pdfs/267671cb-0ec0-4039-b97b-7ac6ce6b9c10

예술경험의 강도와 매력이 유아를 활성화시키고 집중시킨다. 예술 활동과 경험은 유아를 다음과 같은 미적(aesthetic) 세계로 인도한다. 즉, 배우는 기쁨, 예술 드라마, 형식, 소리, 색깔, 향기, 정취, 기타 감각에 의한 여러 경험이다. 예술은 유아에게 모든 것이 가능하고 믿는 모든 것이 실현되는 가상의 세계를 경험할 수 있는 기회를 제공한다.

또한 예술은 유아의 배움과 실천에 있어서의 규칙을 다룬다. 유아는 예술 활동, 기술, 자기 표현—그것이 혼자든 다른 유아들과 함께하든—을 즐긴다. 예술적 경험과 활동을 통해 유아는 개인과 한 그룹의 일원이 되어 간다. 유아기의 기본 예술경험은 유아의 예술적 기호와 선택, 문화적 가치의 기초를 형성한다.

• 교육자들(educator community)의 활동

교육자들은 유아의 개인적인 선호와 관심에 대한 존중을 보여 줌으로써 유아의 예술적 경험과 표현이 가능하도록 한다. 유아의 상상과 창의성은 주어진 공간, 시간, 평온한 환경 등에 의해 발휘된다. 활동의 실행과 계획은 창의적인 아이디어와 협력의 기쁨에 의해 만들어진다. 유아에게는 색칠하기, 그림 그리기, 악기 연주, 노래 부르기, 쌓기, 연극, 춤, 목공, 만들기, 바느질, 듣기, 이야기 나누기 같은 다양한 활동의 기회가 주어져야 한다.

교육자들은 기술적 작업이 요구되는 활동에서 지도하며 유아들이 자신의 기술을 연습하도록 돕는다. 이때 유아 스스로에 의해 만들어진 가치 있는 목표를 달성하는 데 초점을 맞춘다. 교육자들은 유아들의 예술적 활동을 기록하며 활동의 결과물을 발표하기 위한 시간을 계획한다. 교육자들은 유아들의 다양한 전문적 기술, 창의력, 자발성, 즉흥

성 등을 지지해 주어야 한다. 예술은 유아들이 인간성을 발달시키고 한 인간으로 자라나도록 도와주는 도구가 된다.

• ECEC 환경

ECEC 환경은 유아에게 예술적 경험을 제공해 주며 예술적 재료, 생각, 개념, 다양한 방식으로 시도하기 등을 자유롭게 탐색할 수 있는 시간과 공간을 보장해야 한다. 마찬가지로 미적 환경은 유아에게 예술적 경험이 될 수 있다. ECEC 환경은 유아의 예술적 표현력과 기술을 이끄는 데 기여한다. 예술적 전문성은 지역문화 당국 또는 유아 문화 발전을 위한 각계 전문가들과의 상호협력을 통해 확장될 수 있다. 교육자 자신이 예술을 즐길 때, 그들은 그들의 환경에서 예술을 고무시키는 환경을 창조함과 동시에 예술 감상을 위한 바람직한 모델이 된다.

교육과정 내용 경험영역*

유아는 언제나 다른 환경과 상황에서 학습한다. 환경과 인간의 상호작용 가운데, 유아는 능동적인 학습자로서 자신의 인지구조를 사용하여 정보를 분석하고 인식해 간다. 교육 활동은 본래 교육자가 가치 있는 선택을 하도록 요구한다. 예를 들어 유아교육·보육환경을 구성할 때 만들어진 선택들을 보면 알 수 있다.

유아교육·보육에서 다른 활동들을 통해 발달의 균형을 성취하는 것이 필요하다. 그리고 교육자들은 유아의 성장과 발달의 단계를 인지하고 있어야 한다. 유아교육·보육의 다양한 내용영역 가운데 균형은 인

---

* 경험영역(Orientation)은 기본적으로 현상이나 사물에 대한 반응 혹은 느낌의 다양한 방식을 의미한다.

간의 이해, 지식, 경험의 기초적인 형태를 사용하여 실험될 수 있다. 그러한 기초적 형태들은 상호보완적으로 완성되어 간다. 유아가 포괄적, 통합적, 다양한 면이 있는 세상에 대한 그림(인상)을 갖게 하기 위해 이러한 인지구조를 사용한다.

유아교육 · 보육의 핵심 내용영역은 다음과 같은 여섯 가지 경험에 기초하여 구성된다.

- 수학적 경험
- 자연 · 탐구적 경험
- 사회 · 역사적 경험
- 심미적 경험
- 윤리적 경험
- 종교적 · 철학적 경험

경험의 개념은 유아에게 단순히 여러 교과 내용을 학습하도록 하는 것이 아니라 그들 주위에 발생하는 다양한 현상을 관찰하고 경험하고 이해하는 능력을 점진적으로 증진시킬 수 있는 수단과 역량을 습득하기 시작하도록 하는 것이다. 각 경험영역은 자신만의 중요한 생각하기, 창조성 표현하기, 상상 실행하기, 느낌을 새롭게 하기, 활동 지시하기 등의 독특한 방법을 가지고 있다.

게다가 다양한 경험영역에서 내용의 실제 선택과 변형은 상황과 환경에 따라 다양하게 나타난다. 교육자들은 특별한 환경과 상황에서 내용을 선택, 변형하기 위해 유아의 연령, 발달 단계에 따른 교육적 지식을 가지고 있어야 한다. 내용의 성공적인 선택은 유아로 하여금 예로부터 발달 과정을 거쳐 개발된 인간의 경험을 설명하고 형성하는 기본적인 방법을 이해하도록 돕는다.

각각의 경험영역에 대한 주제, 현상, 내용은 유아의 현재 환경, 일상생활, 구체적 경험과 관련된다. 이것은 유아가 관찰하고 자신의 관점을 갖도록 해 준다. 이 내용들은 도서실, 극장, 전시관 등에서도 가능하다. 또한 다양한 적용영역과 함께 현대의 과학 정보와 기술은 많은 내용을 제공해 준다. 유아의 관심사, 필요, 지역 환경들이 특정한 경우에 내용을 선택하는 결정적인 요소가 되어야 한다.

ECEC에서 유아는 여러 경험영역의 내용이나 다양한 교과목의 내용을 학습하거나 실행을 요구하지 않는다. 이 방향들은 교육자에게 유아가 찾아야 할 그리고 만들어야 할 환경, 상황, 경험에 대한 틀(framework)을 제공해 유아의 균형 잡힌 성장과 발달에 도움을 준다.

언어는 모든 방향에서 소통과 상호작용의 수단이므로 보육, 교육, 가르치는 환경에서 매우 중요하다. 교육자는 가능한 한 주의 깊고 정확한 언어를 사용하며 유아에게 새로운 개념을 설명한다.

내용영역의 방향 중 예술에 해당하는 심미적 방향을 살펴보면 다음과 같다.

• 심미적 경험영역

심미적 경험은 범위가 넓고 여러 측면이 있다. 관찰, 듣기, 느끼기, 만들기뿐 아니라 상상과 직관에 의해 확장된다. 이 방향의 목적은 유아에게 개인적 감수성, 감정 그리고 아름다움, 조화, 멜로디, 리듬, 스타일, 흥분, 기쁨뿐만 아니라 대조적 감정을 경험하게 만든다. 유아의 가치, 태도, 관점이 발달하기 시작한다. 인간 됨과 인간성의 발달과 같이 자아 정체성은 이 경험영역의 중요한 과정 중 하나이다.

2) 국가 핵심 취학 전 교육과정(National Core Curriculum for Pre-primary Education)*

취학 전 교육을 위한 국가 핵심 취학 전 교육과정(National Core Curriculum for Pre-primary Education, 2010)의 핵심 내용영역은 일곱 가지로 제시되어 있다.

1. 언어와 상호작용(Language and Interaction)
2. 수학(Mathematics)
3. 윤리와 종교(Ethics and Religion)
4. 환경과 자연학(Environmental and Natural Studies)
5. 건강(Health)
6. 신체와 운동 발달(Physical and Motor Development)
7. 예술과 문화(Art and Culture)

핵심 내용영역 중 예술과 문화의 영역을 살펴보면 다음과 같다.

예술과 문화(Art and Culture)

유아교육에서 음악과 다른 예술적 경험은 유아의 정서적, 실제적 (practical), 인지적 발달에서 중요한 부분을 형성할 것이다. 유아의 창

---

* http://www.oph.fi/download/153504_national_core_curriculum_for_pre-primary_education_2010.pdf

의력, 상상력과 자기 표현은 그림 그리기, 음악과 물건 만들기, 드라마, 춤과 동작을 통해서 발달될 것이다. 유아는 예술적 경험과 즐거움 그리고 그것들에 대해 토론하는 기회를 제공받을 것이다. 놀이와 탐구 그리고 실험적인 예술 활동의 도움으로 유아는 자신과 주위 세계의 현상에 대한 정보를 찾을 것이다. 유아는 지속적인 예술 활동에서 자신의 작품과 다른 사람의 작품을 감상하도록 안내를 받을 것이다. 유아는 예술적 감성, 통찰력, 공간 감각(spatial orientation)의 발달을 지원받을 것이다. 따라서 유아의 학습 과정은 더 깊어질 것이고, 유아는 사고력과 문제 해결 능력뿐만 아니라 생활 기술을 배울 것이다.

유아는 통신매체에 익숙해지고 그것의 사용을 연습하는 기회를 제공받을 것이다. 교사는 그림을 면밀히 관찰하고 유아와 그 그림의 의미와 시각적 표현에 대해 토의할 것이다. 유아는 소리의 세계와 의사소통에서 음악의 효과를 탐색하는 것을 안내받을 것이다. 유아는 단어와 드라마의 의미, 강세, 목소리 톤, 표정, 몸짓, 동작을 통해서 자신의 사고와 느낌을 표현하도록 격려받을 것이다.

유아의 문화 정체성의 강화는 그들의 문화적 유산과 다양성에 대한 이해와 함께 지원될 것이다. 유아는 자연과 인공 환경 그리고 물질적 환경의 미적, 문화적 가치를 감상하고 소중히 여기도록 안내받을 것이다.

유아는 다른 주제 단위와 관련되어 다양하게 그들 자신을 표현하도록 격려받을 것이다.

4. 결론

교육 선진국으로 선행 연구들에서 대표적으로 인용되고 있는 핀란드는 7세부터 의무교육이 시작되며, 유아교육은 보육과 교육의 형태가 공존한다. 핀란드의 유아교육과정은 크게 두 가지 교육과정 지침을 따르는데, 5세까지의 유아는 2003년에 발표된 유아교육·보육과정 지도서에 기초하고, 6세 유아는 국가 핵심 취학 전 교육과정을 따른다. 두 가지 교육과정 모두 음악만 따로 제시되어 있지 않으며 예술에 대한 포괄적인 교육 방향을 다루고 있다. 5세까지의 유아를 위한 유아교육·보육과정 지도서에는 수학적 경험, 자연·탐구적 경험, 사회·역사적 경험, 심미적 경험, 윤리적 경험, 종교적·철학적 경험의 여섯 가지 경험영역이 제시되어 있는데, 그중 예술경험에 해당하는 부분이 심미적 경험영역이다. 취학 전 연령의 교육과정보다 포괄적이고, 예술경험을 통한 반응이나 이를 통한 정체성 형성 등의 내용을 제시하고 있어 구체적인 음악 지도 방법이나 성취 목표를 제시한 나라들과는 다른 특징을 보인다. 한편 2010년에 발표된 국가 핵심 취학 전 교육과정은 일곱 가지 핵심 내용영역을 제시하고 있는데, 구체적인 내용은 언어와 상호작용, 수학, 윤리와 종교, 환경과 자연학, 건강, 신체와 운동 발달, 예술과 문화 등이다. 여기서 예술에 해당하는 것이 예술과 문화 부분이다. 예술과 문화에 대한 내용은 음악, 미술, 춤, 드라마, 동작과 같은 예술교육 내용영역을 구체적으로 언급하고 있어 5세까지의 유아를 위한 유아교육·보육과정 지도서에 나타난 심미적 경험영역에 비해 좀 더 자세히 진술되어 있지만 여전히 포괄적이며, 특히 문화 정체성을 강조하고 있어 구체적인 교육 성취 목표나 교수 전략 등은 드러나지 않는다.

Ⅳ 영국의 유아음악교육과정

1. 서론

　유럽 대륙 서쪽 북대서양에 위치한 영국은 잉글랜드, 북아일랜드, 스코틀랜드, 웨일스의 4개 지역으로 이루어졌는데, 각 지역별로 유아교육과 보육의 법적, 행정적 책임을 분산시켜 유아교육·보육(ECEC)의 특성이 다르다(육아정책개발센터, 2007). 잉글랜드 경우 자체의 행정부를 분리하지 않았으며, 교육에 관한 주요 법률은 웨스트민스터(영국의 웨스트민스터 시티)의 영국 의회에서 제정된다. 또한 스코틀랜드, 웨일스, 북아일랜드의 교육 시스템과 분리된다.

영국 교육부 홈페이지에 따르면 유아교육과정에 해당하는 유아 기초단계(Early Years Foundation Stage, EYFS) 교육체계는 0~5세 유아가 잘 학습하고 발달하며 건강과 안전을 유지하는 것을 보장하기 위해 모든 유아기 교육 제공자가 충족시켜야 하는 표준을 설정하여 법으로 정한 체계이다. 이것은 유아가 학교를 위한 준비를 하도록 교수와 학습을 촉진하고 학교와 삶을 통해 미래의 발전을 위한 올바른 토대를 세울 수 있도록 영유아에게 폭넓은 지식과 기술을 제공한다.

더욱 단순하게 개정된 EYFS는 2012년 9월 1일부터 시행하기 위해 2012년 3월 27일에 출판되었다. EYFS와 두 개의 보조 자료가 공동으로 제작되어 발표되었는데, 노하우 자료(Know-how materials)와 유아 기초단계에서의 발달과제(Development matters in the EYFS)이다. 노하우 자료(Know-how materials)에는 2세에 체크하는 EYFS 발달에 대한 전반적인 개요와 목표, 평가 등을 비롯해 구체적인 자료 샘플이 제시되어 있는데, 흥미영역 개념망이나 유아발달 평가 체크리스트, 자기 소개 활동지 등이다. 한편 유아 기초단계에서의 발달과제(Development matters in the EYFS)에는 월령별 발달과제가 교육영역별로 제시되어 있다. 모든 학교와 아이를 돌보는 사람, 유아학교, 어린이집, 학교 유치반 1학년(school reception)을 포함해 영국의 교육 기준청에 등록된 유아교육 제공자는 EYFS를 따라야 한다. 유아가 2세와 3세 사이에 그리고 5세가 되는 해의 마지막에 평가를 한다. 이는 유아에 대한 시험이 아니며, EYFS 전문가의 관찰에 기초한 평가이다. 평가 정보는 부모, 유아 관련 종사자와 교사가 유아의 학습과 발달을 지원하기 위해 이용된다.

영국의 네 지역은 다양한 학제와 교육과정 지침을 제시하고 있다. 이에 따라 이 장에서는 영국 정부와 교육부에서 제시하는 유아 기초단계 교육체계—출생에서 5세까지 유아의 학습, 발달 및 보육을 위한 표준(Statutory Framework for the Early Years Foundation Stage: Setting the standards for learning, development and care for children from birth to five)과 유아 기초단계에서의 발달과제(Development matters in the EYFS) 그리고 스코틀랜드와 웨일스 지역의 교육과정 중 유아음악교육과 관련된 부분을 발췌·번역하여 제시하였다.

🔵 용어 정리

- 기초단계(Foundation level): 영국의 지역마다 기초단계에 해당되는 연령이 서로 다른데, 잉글랜드의 경우 3~5세, 웨일스의 경우 3~7세 2학년까지이며, 북아일랜드의 경우 4~6세로 1, 2학년을 포함한다.
- 핵심 1단계: 지역마다 차이를 보이지만 일반적으로 1~2학년에 해당한다.
- 유아 기초단계(Early Years Foundation Stage): 연령으로는 3~7세에 해당한다.
- 유아 기초단계 교육체계(Statutory Framework for the Early Years Foundation Stage): 0~5세 유아가 잘 학습하고 발달하며 건강과 안전을 유지하는 것을 보장하기 위해 모든 유아기 교육 제공자가 충족시켜야 하는 표준을 설정하여 법으로 정한 체계이다. 선행 연구(신은수 외, 2012)에서는 '영유아를 위한 법정틀'이라고 번역되어 있다.
- 유아 기초단계에서의 발달과제(Development matters in the EYFS): 유아 기초단계 교육체계를 지원하는 보조 자료로, 월령별 발달과제가 교육영역별로 제시되어 있다.

2. 영국의 학제 및 유아교육과정

영국의 잉글랜드, 웨일스, 북아일랜드, 스코틀랜드 네 지역의 학제를 살펴보면 다음과 같다.

1) 잉글랜드

의무교육은 5~16세 시기에 해당하며 유아교육과정인 기초단계는 3~5세를 포함한다. 학제를 정리하면 〈표 5〉와 같다.

표 5_ 잉글랜드 학제

과정 및 학교	교육과정 단계	학년	연령
의무 중고등학교 이후	-	12~13학년	16~18/19세
중고등학교	핵심 4단계	10~11학년	14~16세
	핵심 3단계	7~9학년	11~14세
초등학교	핵심 2단계	3~6학년	7~11세
	핵심 1단계	1~2학년	5~7세
유아교육	기초단계 (foundation)	-	3~5세

2) 웨일스

웨일스의 유아 기초단계(early years foundation stage)에는 3~7세가 포함된다. 이전에 핵심 1단계로 알려진 1, 2학년이 기초단계(foundation stage)에 포함되도록 개편되어 3~7세에 해당하는 기초단계에는 1, 2학년이 포함된다.

표 6_ 웨일스 학제

과정 및 학교	교육과정 단계	학년	연령
의무 중고등학교 이후	–	12~13학년	16~18/19세
중고등학교	핵심 4단계	10~11학년	14~16세
	핵심 3단계	7~9학년	11~14세
초등학교	핵심 2단계	3~6학년	7~11세
유아교육 / 초등	기초단계 (foundation)	2학년까지	3~7세

3) 북아일랜드

기초단계(foundation)는 초등학교 1, 2학년을 포함한다(4~6세 유아). 결과적으로 핵심 1단계는 3, 4학년으로, 핵심 2단계는 5, 6, 7학년으로 구성된다. 이 단계의 점진적인 도입은 2007년에 시작되었다.

표 7_ 북아일랜드 학제

과정 및 학교	교육과정 단계	학년	연령
고등학교	–	–	18세 이상
중고등학교	–		16~18세
	핵심 4단계	11~12학년	14~16세
	핵심 3단계	8~10학년	11~14세

초등학교	핵심 2단계	5~7학년	8~11세
	기초단계 핵심 1단계	1~4학년	4~8세
유아교육 (preschool and nursery education)	–	–	별도의 연령 제시 없음

4) 스코틀랜드

의무교육은 5~16세인데, 고등학교 시기에 해당하는 16~18세가 추가(연장) 교육 연령과 2년 정도 겹치는 것으로 제시되어 있다.

표 8_ 스코틀랜드 학제

과정	연령	학교
추가(연장) 교육 (Further Education)	16~19세	추가 교육기관 (Further education institutions)
중등교육 (Secondary Education)	16~18세	고등학교
	12~16세	중학교 (Secondary schools)
초등교육 (Primary Education)	5~12세	초등학교 (Primary schools)
유아교육 및 보육(Early Childhood Education and Care)	3~5세	유아학교 (Pre-school education centres)

3. 영국의 유아음악교육과정

1) 유아 기초단계 교육체계 – 출생에서 5세까지 유아의 학습, 발달 및 보육을 위한 표준(Statutory Framework for the Early Years Foundation Stage: Setting the standards for learning, development and care for children from birth to five)

영국의 교육과정은 네 지역에서 조금씩 차이를 보이는데, 영국을 대표하는 잉글랜드의 교육과정 중 유아기에 해당하는 부분의 개요와 유아음악교육과정 부분을 발췌하여 살펴보도록 한다. 잉글랜드의 교육과정은 전 교육대상을 연령에 따라 핵심단계로 구분하고 있는데, 0~5세를 위한 유아 기초단계 교육체계(Early Years Foundation Stage)*가 유아교육과정에 해당한다. 2012년 9월 1일에 개정된 이 유아교육과정은 공립과 사립, 자율학교 등 유아를 지도하는 모든 기관에 적용된다. 학습과 발달의 필수사항은 2006년 아동보육법의 29(1)에 만들어진 시행령에 의한다.

■ 개요

I. 모든 유아는 일생에 최상의 시작을 하고 유아들의 잠재력을 성취할 수 있도록 지원을 받을 만한 가치가 있다. 유아는 영유아기에 매우 빠르게 발달하고 0세에서 5세 사이 유아들의 경험은 그들의 미래 삶의

---

* http://webarchive.nationalarchives.gov.uk/20130401151655/http://www.education.gov.uk/childrenandyoungpeople/earlylearningandchildcare/delivery/education/a0068102/early-years-foundation-stage-eyfs

기회에 중요한 영향을 끼친다. 확고하고 안전하며 행복한 유아기는 그들의 중요한 권리이다. 좋은 양육과 질 높은 초기 학습은 유아가 성장하면서 자신의 능력과 재능의 대부분을 이루어 가는 데 필요한 기초를 제공한다.

II. 유아 기초단계(The Early Years Foundation Stage)는 모든 유아기 제공자가 유아가 잘 학습하고 발달하기 위해 반드시 이루어야 하는 것과 건강하고 안전하게 하기 위하여 지켜야 할 것의 기준을 마련한다. 그것은 유아의 취학 준비도를 확고히 하고 유아에게 학교생활과 일상생활을 통해 밝은 미래로 성장하기 위한 올바른 기초를 제공하는 폭넓은 범위의 지식과 기술의 교수학습을 촉진한다.

III. 유아 기초단계는 다음의 사항을 제공하고자 한다.
- 모든 유아교육기관에서 **일관성 있고 양질**을 제공하여 모든 유아가 올바른 성장을 가지고 어떤 유아도 뒤처지지 않는 것
- 각 유아의 흥미와 필요를 고려하여 계획되며 정기적인 평가와 반성을 통한 학습과 발달의 기회로 **확고한 기초 확립**
- 교사와 학부모 사이의 **협력**
- 차별하지 않는 실제, 모든 유아가 포함되고 지원되는 것을 보장하는 **기회의 균등**

IV. 유아 기초단계는 유아의 학습과 발달을 위한, 유아의 보호와 복지를 증진하기 위한 필수요건을 구체적으로 명시하고 있다. 학습과 발달의 필수요건은 다음의 영역별로 다룬다.

- 모든 유아기관에서 유아들을 위한 활동과 경험(교육 프로그램)을 조성하는 학습과 발달영역
- 교사가 유아들이 학습하도록(유아들이 5세가 되는 해의 마지막에 가져야 하는 지식, 기술, 이해) 도와야 하는 초기 학습 목표
- 발달의 진보를 측정하기 위한 평가를 배치하는 것(그리고 부모와 돌보는 사람에게 보고하기 위한 요구조건)

Ⅴ. 안전과 복지 요건은 교사가 유아를 안전하게 보호해야 하고 그들의 복지를 촉진해야 하는 단계들을 다룬다.

■ 주요 원칙

Ⅵ. 네 가지 원칙은 유아교육기관에서 실제를 형성해야 한다. 이러한 영역은 다음과 같다.

- 모든 유아는 지속적으로 학습하고 쾌활하며 유능하고 확신에 차 있고 자신 있는 고유의 개인이다.
- 유아는 긍정적인 관계를 통해서 강해지고 독립적으로 되는 것을 배운다.
- 유아는 유능한 환경에서 잘 발달되고 학습한다. 그러한 환경 안에서 유아들의 경험은 그들의 필요에 반응하며, 교사와 부모 간에 강한 파트너십이 있다.
- 유아들은 서로 다른 방법과 다른 속도로 발달하고 학습한다. 이 교육체계는 특별한 교육적 필요와 장애를 가진 유아들을 포함하여 모든 유아의 교육과 보육에 해당된다.

1절 - 학습과 발달의 필수요건(The Learning And Development Requirements)

1.1 이 절에서는 교육 제공자가 반드시 해야 할 일, 부모 그리고/또는 돌보는 사람과 동반자 관계로 일하는 것, 그들의 돌봄에서 모든 유아의 학습과 발달을 촉진하는 것 그리고 유아가 학교를 위한 준비를 하게 하는 것을 규정한다. 학습과 발달의 필수요건은 적절한 향후 발달을 위한 기초로서 유아에게 필요한 폭넓은 범위의 기술, 지식 그리고 태도를 유아가 어떻게 학습하고 반영하는지에 대한 최상의 가능한 증거 결과에 의해 알려진다. 유아기 제공자는 그들의 돌봄에서 EYFS를 끝마친 유아는 그들 앞의 기회로부터 충분히 이점을 가질 준비가 되는 것을 확신하는 관점에서 유아의 능력 발달을 안내해야 한다.

1.2 EYFS 학습과 발달의 필수요건은 다음과 같이 구성된다.

- 7개의 학습영역과 발달 그리고 교육 프로그램
- 모든 유아가 Reception학년(유치반 연령)의 끝 무렵에 얻어야 하는 지식, 기술 그리고 이해를 요약한 초기의 학습 목표
- 평가 필수요건(현직 종사자가 유아의 성취를 평가하는 시기와 방법 그리고 그들이 유아의 진전에 대해 부모 그리고/또는 돌보는 사람과 토론해야 하는 시기와 방법)

방과 후 과정 교사나 공휴일 돌봄 교사

1.3 방과 후 과정 교사나 공휴일 돌봄 교사는 이 체계에 의해 안내되어야 하지만 모든 학습과 발달 요건을 충족할 필요는 없다. 유아가 가정이나 기관 중 더 많은 시간을 보내는 환경에

서 학습을 보충하도록 지원하는 것에 대해 교사들은 부모나 유아의 양육자와 토론해야 한다.

학습과 발달의 영역(The areas of learning and development)

1.4 유아기 환경에서 교육 프로그램이 형성해야 하는 학습과 발달의 7개 영역이 있다. 모든 학습과 발달영역은 중요하며 상호 연결되어 있다. 먼저 3개의 영역은 학습을 위한 유아의 호기심과 열의를 불러일으키고 학습하는 능력을 다지며, 관계를 형성하고 발전시키기 위해 핵심적인 영역이다. 이 3개의 주요 영역은 다음과 같다.

- 의사소통과 언어
- 신체 발달
- 개인적, 사회적 그리고 정서적 발달

1.5 교육 제공자는 또한 다음과 같은 4개의 주요 영역이 강화되고 적용되는 것을 통해 4개의 구체적인 영역에서 유아를 지원해야 한다.

- 문식성
- 수학
- 세계에 대한 이해
- 표현적 예술과 디자인

1.6 교육 프로그램은 다음과 같이 유아를 위한 활동과 경험을 포함해야 한다.

- 의사소통과 언어
- 신체 발달

- 개인적, 사회적 그리고 정서적 발달
- 문식성
- 수학
- 세계에 대한 이해
- 표현적 예술과 디자인

표현적 예술과 디자인은 예술, 음악, 움직임, 춤, 역할극, 디자인과 기술에서 다양한 활동을 통해 유아가 자신의 생각과 아이디어, 느낌을 공유하기 위한 기회와 격려를 제공하는 것뿐 아니라 다양한 매체와 자료를 가지고 탐구하고 놀이할 수 있게 하는 것을 포함한다.

이 중 의사소통과 언어, 신체 발달, 개인적 · 사회적 · 정서적 발달 영역을 주요 영역으로 제시하고 문식성, 수학, 세계에 대한 이해, 표현적 예술과 디자인은 구체적 영역으로 제시하였다.

유아기 학습 목표(The early learning goals)

표현적 예술과 디자인(Expressive arts and design)

매체와 자료 탐색하기와 사용하기: 유아는 노래를 부르고 음악과 춤을 만들고 그것들을 변화시키는 방법으로 실험한다. 유아는 다양한 자료, 도구와 기법, 색, 디자인, 질감, 형태, 기능 실험하기를 안전하게 이용하고 탐색한다.

창의적이기(Being imaginative): 유아는 매체와 자료의 사용 목적과 방법에 대해 생각하면서 그들이 배워 왔던 원래 방법으로 매체와 자료를 사용한다. 유아는 자신의 아이디어와 생각 그리고 느낌을 디자인과 과학 기술, 예술, 음악, 움직임, 역할극과 이야기를 통해 표현한다.

유아 기초단계 교육체계(Statutory Framework for the Early Years Foundation Stage)와 함께 제작된 보조 지침서로서 유아 기초단계에서의 발달과제(Development Matters in the EYFS)가 있는데, 이 중 음악 관련 영역에 해당하는 '표현적 예술과 디자인' 부분의 월령별 발달과제를 발췌·번역하여 제시하면 〈표 9〉와 같다.

2) 유아 기초단계에서의 발달과제(Development Matters in the Early Years Foundation Stage)[*]

이것은 법적 지도 자료는 아니며 유아 기초단계 교육체계를 적용할 때 교사들을 지원하기 위한 자료이다.

효과적인 학습의 특징들
• 놀이와 탐구-참여 찾아보기와 탐색하기 그들이 아는 것과 함께 놀이하기 기꺼이 시도하기
• 능동적인 학습-동기 참여하고 집중하기 지속적으로 시도하기 그들이 하려는 것을 성취하면서 즐기기
• 창작과 비판적으로 생각하기-사고 자신의 아이디어를 갖기 연결시키기 할 수 있는 방법들을 선택하기

---

[*] http://webarchive.nationalarchives.gov.uk/20130401151655/http://media.education.gov.uk/assets/files/pdf/d/development%20matters%20in%20the%20eyfs.pdf

학습과 발달의 영역	범주
주요 영역	
개인적, 사회적, 정서적 발달	관계를 만들기 자기 확신과 자기 인식 감정과 행동을 조절하기
신체 발달	움직이고 조절하기 건강과 자기 돌봄
의사소통과 언어	듣기와 집중 이해력 말하기
구체적 영역	
문식성	읽기 쓰기
수학	수 세기 모양, 공간, 측정
세상에 대한 이해	사람과 지역사회 세계 과학 기술
표현적 예술과 디자인	매체와 자료 탐색하기와 사용하기 창의적이기

표 9_ 유아 기초단계에서의 발달과제 중 표현적 예술과 디자인 부분 발췌

놀이와 탐구, 능동적 학습, 창작과 비판적으로 생각하기는 모든 영역의 유아의 학습을 지원한다.

표현적 예술과 디자인: 매체와 자료 탐색하기와 사용하기		
독특한 유아: 유아가 학습한 것 관찰하기	긍정적인 관계: 성인이 할 수 있는 것	할 수 있게 하는 환경: 성인이 제공할 수 있는 것
출생~11개월	영아는 주변 세상에 대한 탐색의 일부분으로 매체와 자료를 탐색한다.	효과적인 학습의 특징들(p. 105) 참고: 놀이와 탐구, 신체 발달, 세상에 대한 이해	효과적인 학습의 특징들(p. 105) 참고: 놀이와 탐구, 신체 발달, 세상에 대한 이해
8~20개월	• 몸 전체를 사용하고 감각으로 탐색하면서 매체를 탐색하고 실험한다. • 좋아하는 소리에 몸 전체를 움직인다. 가령 음악이나 규칙적인 박자 같은 것 • 영아들이 관찰한 행동을 따라 하거나 즉흥적으로 만든다. 가령 박수 치기나 몸 흔들기 등 • 라임이나 노래에 참여하거나 그것을 듣고 음악에 따라 움직이기 시작한다.	• 간단한 리듬에 맞춰 두드리거나 박수 치는 것을 격려한다. • 엎드려 다리를 접었다 펴거나 손바닥을 접고 펴고 바닥을 두드리는 등 영아의 소리에 대한 반응에 주목한다. • 영아가 색칠하기, 반죽놀이, 거품 만들기 같은 매체를 느끼고 쥐어짜고 표시 남기는 것을 격려한다.	• 테이블을 따라 미끄러지거나 생동감 있는 음악에 맞춰 춤추는 인형을 마련한다. • 마루에 영아가 표시한 곳에 기어가거나 가까이 있을 수 있게 큰 종이나 비닐을 깔아 놓는다. • 대근육 움직임을 격려할 수 있는 자료들을 제공한다. 가령 흩뿌려지거나 던지거나 퍼지는 물감류, 풀, 찢어지는 종이 등

	• 표시를 남기는 움직임을 만드는 결과에 관심을 가지고 주의를 기울인다.		
16~26 개월		• 유아와 함께 좋아하는 노래에 대해 이야기하고 노래, 음악, 다양한 소리를 듣는다. • 큰 소리와 작은 소리, 빠르고 느린 소리를 말로 표현하도록 한다. • 진심으로 유아들의 창작품을 받아들이고 유아들로 하여금 그것들이 독특하고 가치 있다는 것을 느끼도록 도와준다. • 부모와 공유하기 위해서 유아가 창작품에 참여하는 과정을 구체적으로 기록한다.	• 나무, 쟁반, 다양한 물질로 채워진 플라스틱 병 등 소리를 만들 수 있는 다양한 사물을 이용해서 소리 라인을 만든다. • 유아들이 색깔, 질감, 공간 등을 탐색할 수 있는 감각 경험과 다양한 장난감을 제공한다. • 실내외에서 움직이고 춤출 수 있는 공간과 시간을 제공한다.
22~36 개월	• 좋아하는 노래 부르기에 동참한다. • 흔들기, 두드리기, 불기 등에 의해 다양한 소리를 낸다. • 악기가 소리 내는 방식에 관심을 보인다. • 블록, 색깔, 연필로 실험한다.	• 기회가 생겼을 때 유아들이 음악을 듣고 춤을 볼 수 있도록 도와주고 음악과 움직임이 어떻게 감정과 생각으로부터 발전되었는지 격려한다. • 유아들이 특별한 경험에서 덧붙이	• 지역사회나 가까운 학교, 공연 그룹에서 댄서나 음악가를 초청해서 유아들이 살아 있는 공연을 경험하도록 한다. • 유아들의 문화적 경험을 확장시키고 그들의 문화적 전통을 반영하기 위해 다양

		고, 매체들을 섞고, 뒹굴 때 창조적인 방법을 격려하고 지지한다.	한 문화적 배경을 가진 음악가, 구연동화가 등을 접하도록 한다. • 생각을 발전시킬 독특하고 흥미로운 재료들, 즉 질감 있는 벽지, 줄, 천, 투명 종이, 색이 있는 물품 등을 선택한다.
30~50 개월	• 춤추기와 원형 게임에 참여하는 것을 즐긴다. • 약간의 익숙한 노래를 부른다. • 리드미컬하게 움직이기 시작한다. • 음악에 반응하여 움직임을 모방한다. • 반복되는 간단한 리듬에 맞춰 두드린다. • 소리가 어떻게 달라질 수 있는지 탐색하고 학습한다. • 색을 탐색하고 색이 어떻게 달라질 수 있는지 탐색한다. • 공간을 둘러싸기 위해 선을 사용할 수 있고, 사물을 표현하기 위해 이러한 형태를 사용하기 시작한다는 것	• 다른 질감에 대한 유아의 반응을 지원한다. 예를 들어 나타난 질감의 부분을 손가락으로 만지거나 그것의 다른 특성을 감지하기 위해 뺨으로 느끼기 • 그들의 관찰과 경험에 대해 이야기할 수 있는 어휘를 소개한다. 예를 들어 '매끈한(smooth)', '빛나는(shiny)', '거친(rough)', '꺼끌꺼끌한(prickly)', '평평한(flat)', '무늬가 있는(patterned)', '삐죽삐죽한(jagged)', '울퉁불퉁한(bumpy)', '부드러운(soft)', '단단한(hard)' 등 • 유아가 색깔 간의 차이를 발견하기	• 우주여행, 동물원 동물이나 그림자와 같은 유아들의 현재 흥미에 기초하여 창의적인 움직임 시간을 유도한다. • 진행 중인 작업이 무사히 유지될 수 있는 장소를 제공한다. • 유아와 함께 광장 내에 있는 지역 기획실, 길 아래의 새 아파트와 같이 주변의 환경 내에서 모델과 계획을 볼 수 있는 곳에 대해 이야기한다. • 유아들이 하고 있는 것과 관련된 기술과 기법을 설명하고 가르쳐 준다. 예를 들어 뚝뚝 떨어지는 물감이 멋게

30~50 개월	을 이해한다. • 사물의 질감에 관심을 가지고 묘사하기 시작한다. • 다양한 건축 재료를 사용한다. • 구성하기 시작한다. 예를 들어 여러 개의 블록을 수직으로 또는 수평으로 쌓기, 폐쇄 공간과 창작 공간 만들기 • 건물을 짓고 균형을 잡기 위한 구성 작품에 함께 참여한다. • 도구가 사용될 수 있음을 깨닫는다.	시작할 때 색에 대해 증가하는 유아의 관심과 색의 사용에 대해 이야기한다. • 가능한 것에 대한 유아의 생각을 확장하기 위해 제안하고 질문한다. 예를 들어 "나는 만약 …… 한다면 어떤 일이 일어날지 궁금해." • 유아가 만들고 싶은 것, 수반될 수 있는 과정 그리고 자료와 정글짐이 어떤지에 대해 생각하기 위한 사진과 같은, 필요할 수도 있는 자원들에 대한 유아의 생각을 지원한다.	하는 법이나 장난감 벽돌이 쓰러지지 않도록 균형 잡는 법을 보여 준다. • 유아에게 다양한 음악, 그림, 조각품을 소개한다. • 유아들이 낯선 그림이나 조각품에 대해 이야기하거나 의견을 표현하기 전에 천천히 생각해 보도록 격려한다.
40~ 60+ 개월	• 노래나 춤 레퍼토리를 만들어 내기 시작한다. • 악기의 다른 소리를 탐색한다. • 색을 섞을 때 어떤 일이 생기는지(어떻게 되는지) 탐색한다. • 다른 질감을 만들어 내기 위해 실험한다.	• 다른 매체로 할 수 있는 것과 모래, 물감, 톱밥과 같이 서로 다른 것을 합쳤을 때 어떤 일이 일어날지 알아내는 방법에 대해 유아들에게 이야기한다. • 매체가 젖고, 건조되고, 조각으로 벗겨지거나 고정되는	• 색깔 섞기, 물건을 함께 연결하기, 자료 결합하기, 적절한 곳 보여 주기를 위한 자원을 제공한다. • 유아들에게 표현을 통해 자신의 기술을 사용하고 개념과 생각을 탐구하기 위한 기회를 제

40~ 60+ 개월	• 다른 효과를 창출하기 위해 다른 매체가 결합될 수 있다는 것을 이해한다. • 계획된 결과를 달성하기 위해 자료를 다룬다. • 목적을 가지고, 여러 가지 자원을 사용하여 구성한다. • 간단한 도구와 기법을 능숙하고 적절하게 사용한다. • 적절한 자원을 선택하고 필요한 곳에 작품을 조정한다(변형시킨다). • 형태를 만들고, 그들이 사용하는 자료를 모으고 합치는 데 필요한 도구와 기법을 선택한다. **유아기 학습 목표** (Early Learning Goal) 유아는 노래 부르고, 음악과 춤을 만들고, 그것을 변화시키는 방법을 실험한다. 그들은 색, 디자인, 질감, 형태와 기능을 실험하면서 다양한 재료, 도구, 기술을 안전하게 이용하고 탐색한다.	것을 통해 변형되었을 때, 그것의 특성 변화에 주목하도록 격려한다. 무슨 일이 일어났는지, 그들이 원인과 결과에 대해 생각하도록 도운 것에 대해 이야기한다.	공한다. • 유아가 즐기고 발달시키는 동안 모델과 작품이 유지되거나 나타낼 수 있는 전시·보관 장소를 마련한다. • '곰 사냥을 떠나자'와 같은 창의적이고 활동적인 경험을 계획한다. 유아가 이야기의 동작을 기억하고 다른 방식으로 움직이는 것에 대해 생각하도록 돕는다.

놀이와 탐구, 능동적 학습, 창작과 비판적으로 생각하기는 모든 영역의 유아의 학습을 지원한다.

표현적 예술과 디자인: 창의적이기		
	독특한 유아: 유아가 학습한 것 관찰하기	긍정적인 관계: 성인이 할 수 있는 것	할 수 있게 하는 환경: 성인이 제공할 수 있는 것
출생~ 11개월 / 8~20 개월	영아와 걸음마기 유아는 예술과 디자인 등을 통해 자신의 생각을 표현하기 전에 소통할 여러 방법을 개발하고 세상을 탐구할 필요가 있다.	효과적인 학습의 특징들(p.105) 참고: 의사소통과 언어, 신체발달, 개인적, 사회적, 정서적 발달	효과적인 학습의 특징들(p.105) 참고: 의사소통과 언어, 신체발달, 개인적, 사회적, 정서적 발달
16~26 개월	• 신체적 행동과 소리를 통해 자신을 표현한다. • 특별히 그 물체가 공통적 특성을 가질 때, 한 물체로 다른 것을 표현하는 것처럼 한다.	• 역할놀이를 시작하는 유아와 기꺼이 함께 놀이하고 진심어린 관심을 보인다.	• 잡지, 주방 도구, 전화기, 세탁기 등 일상생활을 반영하는 다양한 매체를 제공한다.
22~36 개월	• 소통을 위해 상징을 사용하기 시작한다. 가령 선을 그리고서 "이건 나야."라고 말하기 • 가작화에 의해 지어내기를 시작한다.	• 유아의 흥미를 이해하기 위해 유아의 역할놀이를 관찰하고 격려한다. • 유아들과 역할놀이 시 재미를 위해 때로는 퉁명스럽게 혹은 느리고 조용하게 말한다.	• 유아의 이야기 아이디어를 자극할 흥미로운 재료들로 채운 이야기 상자를 제공한다. • 가운, 망토, 가방과 같이 흥미로운 추가 자료들을 제공한다.

22~36 개월		• 유아들의 창조적 과정에 관심을 가 지고 그들이 의미 를 가지는 것에 대 해 그들과 이야기 한다.	
30~50 개월	• 표현 양식에 대한 선호를 발달시킨다. • 느낌을 표현하기 위해 움직임을 사 용한다. • 음악에 대한 반응 으로 움직임을 창 작한다. • 스스로 노래 부르 고, 간단한 노래를 만든다. • 리듬을 만든다. • 성인이 하는 것에 관심을 기울이고 관찰한 것을 모방 한다. 그런 다음 성 인이 없을 때에도 자발적으로 한다. • 자기 자신이 직접 경험한 것에 기초 하여 창의적인 역 할극에 참여한다. • 주변에 있는 장난 감으로 이야기를 구성한다. 예를 들 어 안락의자 '벼랑' 에서 구조를 요청 하는 농장 동물 등	• 풍부한 창의력 격 려하기, 유아가 자 신의 흥미를 자극 하는 경험을 할 때 지원과 조언 제공 하기 그리고 이러한 경험을 통해 유아 의 가상 세계로의 여행을 지원한다.	• 유아의 경험과 그들 이 잘 아는 사람과 장소에 기초하여 이 야기를 들려준다. • 가상적인 사건이나 상황의 제시를 통 해 이야기 자극제 를 제공한다. 예를 들어, "이 곰은 우 편으로 도착했습니 다. 그는 자신의 재 킷에 핀으로 고정 시킨 편지를 가지 고 있습니다. 여기 에는 '이 곰을 돌보 아 주세요'라고 쓰 여 있어요. 우리는 우리 교실에서 곰 을 돌보아 주어야 합니다. 그렇게 하 려면 우리는 어떻 게 해야 할까요?"

30~50 개월	• 역할극을 지원하기 위한 소품을 창작하기 위해 이용 가능한 자원을 사용한다. • 음악, 춤, 그림 그리고 다른 자료나 이야기 같은 다양한 매체로 경험과 반응을 담아낸다.		
40~ 60+ 개월	• 사건, 사람, 사물의 간단한 표현을 창작한다. • 느낌, 생각, 경험을 표현하고 반응하기 위해서 움직임과 몸짓의 새로운 조합을 시작한다. • 목적을 위해 사용하려고 특정한 색을 선택한다. • 그들의 놀이에 줄거리나 내러티브를 도입한다. • 같은 주제로 놀이하고 있는 다른 유아와 함께 놀이한다. • 집단의 일부로서 내러티브를 전개하고 발전시키고 극화하기 위해 협력적으로 놀이한다.	• 유아가 아이디어를 표현하는 자신의 방식에 자신감을 가지도록 돕는다. • 상상력이 풍부한 놀이와 내러티브를 다루는 유아의 능력 간의 관련을 의식한다. • 묘사하기 위해 가상적인 이야기를 창작한다. 예를 들어 이야기와 시 속의 괴물이나 다른 강한 캐릭터 등 • 자신감이 부족한 유아를 신중하게 지원한다. • 유아가 상상력이 풍부한 아이디어와 관련된 표현적인 움직임에 참여함으로써 자신의 신체로 의사소통하는	• 유아의 경험을 확장하고 사진, 그림, 시, 음악, 춤과 이야기를 제공하여 유아의 상상력을 확장시킨다. • 역할놀이 영역에 지붕을 두드리는 빗소리와 같은 분위기 있는 특징을 넣거나 무대 장치를 암시하기 위해 환한 조명을 배치함으로써 상상을 위한 자극을 제공한다. 커튼을 제공하고 역할 소품과 악기를 가까이에 배치한다. • 자료를 이용할 수 있게 하여 유아가 그들의 계획과 아이디어를 상상하고 발전시킬 수 있도

	유아기 학습 목표 (Early Learning Goal) 유아는 독창적인 방식으로 매체와 자료에 대해 그들이 배운 것, (그리고) 사용과 목적에 대한 생각을 이용한다. 그들은 디자인과 과학 기술, 미술, 음악, 춤, 역할극과 이야기를 통해 자신의 아이디어, 생각과 느낌을 표현한다.	것을 돕는다. • 유아를 지원하기 위해 묘사하는 언어를 소개한다. 예를 들어 바스락거리다(rustle), 발을 질질 끌며 걷다(shuffle) 등	록 한다. • 유아에게 표현을 통해 자신의 기술을 사용하고 개념과 생각을 탐구하기 위한 기회를 제공한다. • 실내·외에서의 기회를 제공하고 유아의 다른 흥미를 지원한다. 예를 들어 builder's yard 역할극에서 집을 짓고 고치도록 하는 내러티브를 장려한다.
40～ 60＋ 개월			

유아는 자신의 속도 그리고 자신의 방식으로 발달한다. 위 발달과제의 내용과 순서는 개별 유아를 위해 필요한 단계로 받아들여지지 않아야 한다. 그것은 체크리스트로 사용되지 않아야 한다. 연령대/단계는 고정된 연령 경계가 아니라 일반적인 발달의 범위를 제안하기 때문에 중복된다.

4. 웨일스의 유아음악교육과정

웨일스의 경우 영국의 〈Statutory Framework for the Early Years Foundation Stage〉 2008년 자료와 유사한 3~7세 유아를 위한 학습체계(Framework for Children's Learning for 3 to 7-year-olds in Wales)[*]를 2008년에 발표하였다. 그 내용을 살펴보면 다음과 같다.

웨일스 교육과정에서는 의무교육 프로그램의 학습영역으로 다음과 같은 영역을 제시하였다.
- 개인적 · 사회적 발달, 행복과 문화적 다양성
- 언어, 문식성과 의사소통 기술
- 수학적 발달
- 웨일스 언어 발달
- 세계에 대한 지식과 이해
- 신체적 발달
- 창의적 발달(Creative Development)

이 중 창의적 발달 부분에 이 영역에 대한 개요와 '미술, 공예와 디자인', '음악'에 대한 기술과 범위가 제시되어 있다. 음악교육과정과 관련된 창의적 발달 부분을 발췌 · 번역하여 제시하면 다음과 같다.

---

[*] http://wales.gov.uk/dcells/publications/policy_strategy_and_planning/early-wales/whatisfoundation/foundationphase/2274085/frameworkforchildrene.pdf?lang=en

■ 창의적 발달

유아는 교육과정 전체에 걸쳐 자신의 상상력과 창의성을 끊임없이 발달시켜야 한다. 유아의 타고난 호기심과 학습하기 위한 기질은 매일 실내·외에서의 감각경험에 의해 자극되어야 한다. 유아는 미술, 공예, 디자인, 음악, 춤과 움직임에서 창의적이고 상상력이 풍부하며 표현적인 활동에 참여해야 한다. 유아는 다양한 자극을 탐색하고, 자신의 창의적 아이디어를 소통하고 표현할 수 있는 능력을 발달시키고, 그들의 작업을 되돌아본다.

기술

창의적 발달영역에서 기술은 '미술, 공예와 디자인'과 '음악'에 대한 부분으로 나누어 제시되어 있는데, 이 중 음악에 대한 부분을 살펴보면 다음과 같다.

음악

유아의 음악적 기술은 그들의 감각과 상상력 그리고 경험의 사용을 통해 조성되고 촉진되어야 한다. 기초단계에서의 창의적 음악 활동은 유아가 다음에 제시된 바와 같이 그들의 능력이 발전할 수 있게 한다.

- 다양한 음원을 탐색하고, 소리를 만들고 조직하는 여러 가지 방법을 실험한다.
- 자신의 음악적 아이디어를 창작하고 간단한 작곡에 기여한다.
- 다른 사람과 다양한 노래를 부른다.
- 다양한 악기로 단순한 리듬과 선율의 패턴을 연주한다.
- 소리를 인식하고 묘사한다. 그리고 음악을 듣고 반응한다.

- 그들 자신과 다른 사람의 음악을 되돌아본다.
- 음악을 만들 때 늘어나는 음악적 요소의 조절을 발달시킨다.
- 음악을 들을 때 음악적 요소 안에서 폭넓은 대조를 만든다.

범위

범위 부분은 기술 부분처럼 '미술, 공예와 디자인'과 '음악'으로 나누어 제시되지 않고 공통적으로 창의적 발달영역에 대해 설명하고 있다.

유아는 다음에 제시된 기회를 가져야 한다.
- 실내 · 외 학습 환경을 탐구하고 살피고 사용할 기회
- 다양한 놀이 유형과 유아가 시작한 것을 포함한 여러 가지 계획된 활동에 참여할 기회
- 유아들이 개별적으로 그리고 그룹으로 작업하는 것을 허용하는 활동에 참여할 기회
- 다양한 재료와 자극제를 사용할 기회
- 다양한 문화의 전통과 기념행사를 경험할 기회
- 웨일스와 다른 문화의 미술, 공예, 디자인, 음악 그리고 춤을 경험할 기회

창의적 움직임(Creative movement)

유아들의 창의적 움직임의 기술은 그들의 감각과 상상력 그리고 경험을 사용함으로써 발달되어야 한다. 기초단계에서의 창의적 동작 활동은 유아들이 다음과 같은 능력을 발달시킬 수 있도록 해야 한다.
- 여러 가지 움직임을 통하여 다양한 분위기와 느낌을 탐색하고 표현하기

- 음악, 미술, 단어, 아이디어 등의 다양한 자극에 대해 유아들의 반응을 발달시키기
- 몸의 형태와 이동 경로를 연속적으로 바꾸도록 창작하는 움직임을 연결시킴으로써 유아들의 자기 조절을 발달시키기
- 창의적으로 가작화하고 즉흥 연주하고 생각하기 위해 자신이나 다른 사람과 활동하기
- 자신과 타인의 아이디어를 발전시키고 타인이 반응하는 것을 돕기 위해 소그룹에서 타인과 함께 활동하기
- 전통춤이나 다른 문화를 포함하는 움직임 혹은 패턴을 표현하기

3~7세 유아를 위한 학습체계(Framework for Children's Learning for 3 to 7-year-olds in Wales, 2008)에서는 기초단계 결과를 총 6단계로 단계에 따라 제시하고 있는데, 기초단계 결과는 현재의 평가 척도와 국가 교육과정 수준의 단계와 연계된다. 이 기초단계 결과는 교사 평가단계의 마지막을 지원하도록 개발되었다. 각 학습영역에 따른 6단계의 결과가 있는데 그중 예술영역에 해당하는 창의적 발달의 기초단계 결과를 제시하였다.

■ **창의적 발달 결과**(Creative Development Outcomes)
기초단계 결과 1 (Foundation Phase Outcome 1)

유아들은 놀이 재료를 손으로 조작하고 관찰하고 탐색하는 것을 즐긴다. 그들은 손가락과 도구를 사용하여 표시를 내거나 패턴을 만드는 것을 훈련할 수 있다. 그들은 흔들기, 때리기, 긁기 등으로 다양한 소리를 탐색하고 실험한다. 그들은 친숙한 음악과 단순한 반복을 인식하

고 행동이나 소리, 말을 흉내 내거나 음악에 맞춰 움직이거나 참여하면서 반응을 보인다. 그들은 창의적으로 움직일 때 걷기, 점프, 뛰어내리기, 자세 유지하기 등 대조적인 행동을 사용하기 시작한다.

기초단계 결과 2 (Foundation Phase Outcome 2)

유아들은 다양한 재료와 자원을 조사하고 탐색하고 실험한다. 그들은 표시를 할 수 있고, 상징과 이미지를 창조하기 위한 선과 모양을 사용하기 시작한다. 유아들은 자신에게 의미 있는 작품을 만들기 위해 여러 재료를 결합시킨다. 유아들은 자신과 다른 사람의 작품에 대한 질문에 반응을 보인다. 유아들은 동작들 또는 음악적 요소들에 맞춰 간단한 리듬과 음악적 패턴을 흉내 낸다. 그들은 다양한 소리를 만들어 내며 소리들을 탐구하고 실험한다. 음악을 듣고 만드는 것을 통해 유아들은 유사한 소리를 인식한다. 그들은 여러 가지 방법으로 움직이며 음악, 언어, 그림과 같은 다양한 자극을 해석해 낸다.

기초단계 결과 3 (Foundation Phase Outcome 3)

유아들은 탐색과 조사를 통해 다양한 재료의 특성들에 대한 지식을 쌓는다. 그들은 다양한 선, 표시, 형태로부터 상징과 이미지를 만들어 낼 수 있고 다양한 도구를 좀 더 정확하게 사용할 수 있다. 그들은 자신과 다른 사람의 작품에 대한 자신의 생각을 표현하고 이전에 배웠던 지식을 통해 미래의 행동을 계획하기 시작한다. 유아들은 점차 다른 사람들과 협동한다. 유아들은 셈여림과 다른 음악 요소들에 맞춰 다른 사람들과 함께 간단한 율동곡과 동요를 부른다. 그들은 이야기에 사용된 소리에 관한 선택을 한다. 음악 만들기와 감상을 통해 그들은 음악적 요소의 지각을 보여 주기 시작한다. 그들은 다양한 몸의 형태와 변화를 보여 주며 반복되는 간단한 동작을 통해 행복, 슬픔 등의 감정과 생각을 표현한다.

기초단계 결과 4 (Foundation Phase Outcome 4)

유아들은 관찰, 경험, 상상으로부터 자신의 생각과 감정을 기록할 실제적이면서 상상적인 실험을 하면서 창의적 이미지와 작품을 만들기 위해 재료와 도구를 사용하는데 이는 자신의 기술 능력이 성장했음을 보여 준다. 유아들은 자신과 다른 사람들의 작품을 연관짓기 시작하고 자신의 이해를 전달할 기본적인 소통 기술을 사용한다. 유아들은 지시받은 대로 크게 또는 작게 연주하고 명확한 가사로 노래 부른다. 그들은 다른 사람과 함께 손뼉 치거나 일정한 박을 두드린다. 다양한 음원의 탐구를 통해 유아들은 주어진 자극에 반응하여 적절한 소리를 선택한다. 그들은 셈여림, 속도, 길이, 음색과 같은 요소에서 음악과 소리에 반응하고 인지한다. 그들은 몸의 여러 부분과 균형을 유지하고 정지 동작 등을 사용하여 다양한 형태, 리듬, 형식에 따른 움직임을 통해 자신의 생각을 표현한다. 유아들은 안전하게 움직이고 통제력을 발전시키기 위해서는 타인과 떨어진 공간이 필요하다는 것도 알게 된다.

기초단계 결과 5 (Foundation Phase Outcome 5)

유아들은 이미지와 작품을 만들기 위해 다양한 재료와 도구를 사용하며 자신이 필요하다고 생각하는 작품에 변형을 주면서 시각, 촉각, 감각의 질 등을 실제적이고 창의적으로 탐색한다. 그들은 자신이 수집하고 정리한 다양한 재료를 사용하여 관찰, 경험, 기억, 상상을 통해 얻은 이미지와 생각을 기록한다. 유아들은 자신의 작품과 다른 사람의 작품 간의 유사점, 차이점을 인식하고 자신이 느끼고 생각하는 것을 표현하기 위해 소통하는 기술을 사용한다. 유아들은 음을 유지하면서 제한된 음표로 구성된 노래를 부른다. 그들은 간단한 패턴을 가지고 일정하게 타악기를 연주한다. 그들은 음악적 요소들을 통제하는 것을 보이면서 간단한 가락 패턴을 만들고 주어진 자극에 반응하여 소리들을 선택하고 조합시킨다. 그들은 음악적 요소들을 구별해 내며 그것들이 어떻게 표현되는지 설명하기 위해 간단한 음악 용어들을 사용한다. 그들은 간단한 동작들을 연결하고 반복하며 기술을 개발시켜 동작이 좀 더 명확한 모양이 되도록 한다. 춤 활동 시 그들이 사용하는 생각, 감정, 느낌은 파트너나 그룹에 명확하게 전달된다.

기초단계 결과 6 (Foundation Phase Outcome 6)

유아들은 다른 결과물들을 얻기 위해 다양한 재료, 도구, 테크닉을 사용하며 변형이 필요하다고 생각한 작품에 적당한 변형을 주며 이때 시각, 촉각, 감각을 가지고 탐구한다. 그들은 그리기와 자신의 작품에서 얻은 관찰, 경험, 상상력 등으로부터 얻은 다른 방법들을 동원하여 자신의 생각과 감정을 선택, 기록한다. 유아들은 정확한 음으로 노래 부르며, 노래(혹은 연주)를 잘하기 위해 호흡을 조절한다. 제한된 음표를 사용하여 악기를 연주한다. 그들은 필요에 따라 자신의 생각을 고치며 다른 사람과 간단한 음악 형태를 갖춘 작곡을 하기도 한다. 그들은 음악적 요소를 구별하며 이것들이 어떻게 효과적으로 사용되는지 토의한다. 그들의 동작은 일체감이 있고 능숙해지며 긴장감 속에서 절제를 보인다. 그들은 파트너를 포함하여 다양한 자극에 반응하고 간단한 동작 패턴을 계획한다. 그들은 전통춤에서 볼 수 있는 것처럼 일정한 동작을 반복한다.

5. 스코틀랜드의 유아음악교육과정

스코틀랜드 정부에서는 2008년에 〈The Early Years Framework〉를 발표하였다. 스코틀랜드 정부 Smarter Scotland의 Education Scotland 홈페이지에서는 생애 학습(Learning throughout life)을 통해 스코틀랜드 교육과정을 크게 ① 3세까지인 출생 전부터 3세(Pre-birth to three)와, ② 3~18세까지인 교육과정 3-18(The curriculum 3-18), ③ 성인과 지역 사회(Adult and community), ④ 대학교육(Higher education)으로 나누어 제시하였는데, 이 중 교육과정 3-18은 2010년에 학교와 기관에서 전면적으로 시행되어 2016년까지 지속될 예정이다. 2008년 발표된 〈The Early Years Framework〉에는 음악교육과정이 독립적으로 제시된 부분은 없다.

8개의 교육과정 영역과 과목은 다음과 같이 구성되어 있다.
- 표현적 예술(Expressive arts)
- 건강과 웰빙(Health and Wellbeing)
- 언어(Languages)
- 수학(Mathematics)
- 종교와 도덕 교육(Religious and Moral education)
- 과학(Sciences)

- 사회교육(Social studies)
- 테크놀로지(Technologies)

그리고 이러한 교육과정 영역에서 학습과 진전에 대한 기대를 경험과 결과로 기술하였다.

스코틀랜드 교육과정은 8개의 영역마다 5단계로 교육과정 수준을 각각 제시하고 있는데, 초기단계(early)는 유아 및 1학년, 제1단계는 4학년까지, 제2단계는 7학년까지, 제3, 4단계는 중등학교 1~3학년까지, 고학년 단계(senior phase)는 고등학교 1~3학년 혹은 대학과정에 해당한다.

8개의 교육과정 영역 중 예술영역에 해당하는 표현적 예술은 미술과 디자인, 춤, 극, 음악으로 나누어 제시하고 있다. 표현적 예술에서 개요와 음악에 해당하는 부분을 발췌·번역하여 제시하면 다음과 같다.

■ 표현적 예술[*]

경험과 결과(Experiences and outcomes)

표현적 예술에서 경험은 창작하기와 표현하기를 포함한다. 그리고 실제적인 경험에 의한다. 평가하기와 감상하기는 즐거움으로 이용되고 지식과 이해를 발달시킨다.

표현적 예술을 통한 그리고 표현적 예술에 대한 나의 학습은:
- 내가 예술의 영감과 힘에 대해 경험하는 것을 가능하게 한다.
- 나의 창의적이고 미적인 재능을 알아보고 키운다.

---

[*] http://www.educationscotland.gov.uk/Images/all_experiences_outcomes_tcm4-539562.pdf

- 내가 구체적인 예술 형식과 관련된 그리고 네 가지 능력 전체에 걸쳐 기술과 기법을 발달시키도록 한다.
- 스코틀랜드와 더 넓은 세계의 문화에 대한 나의 이해를 심화시킬 기회를 제공한다.
- 전문적인 예술 단체, 창의적인 성인 그리고 문화 단체와의 동반자 관계(파트너십)를 통해 향상되고 강화된다.

음악

음악을 통해 학습자들은 창의적이 되고 영감과 즐거움을 경험할 풍부한 기회를 가진다. 음악 연주하기와 창작하기는 모든 학습자에게 중요한 활동일 것이다. 이러한 활동을 통해 그들은 자신의 목소리와 악기 기술을 발달시키고, 소리와 음악 개념을 탐색하고, 음악적 아이디어와 작품을 창작하기 위한 자신의 상상력과 기술을 이용한다. 그들은 음악 연주 듣기와 그에 대한 견해 밝히기를 통해 음악을 즐기기 위한 자신의 이해와 능력을 더 발달시킬 수 있다. 그들은 자신의 창작품과 연주를 실현하거나 향상시키고 음악이 어떻게 작용하는지에 대한 이해를 촉진하기 위해 정보통신 기술(ICT)을 사용한다.

초기단계(유아 및 1학년)	제1단계(~4학년)	제2단계(~7학년)
• 나는 다양한 양식(스타일)과 문화의 음악에 따라 노래 부르고 연주하기를 즐긴다. • 나는 소리와 리듬을 발견하고 연주하기를 즐기기 위해 내 목소리와 악기, 음악 테크놀로지를 사용하는 데 자유롭다.		

다양한 자극과 나 자신 그리고/또는 다른 사람의 활동에 의해 영감을 받고 (고무되고), 나는 나의 아이디어와 생각 그리고 느낌을 음악 활동을 통해 표현하고 소통할 수 있다.

• 나는 나와 다른 사람의 작품에 대한 나의 생각과 느낌을 묘사함으로써 음악에 반응할 수 있다.		

6. 결론

영국은 네 개의 지역, 즉 잉글랜드, 북아일랜드, 웨일스, 스코틀랜드에 따라 각각의 교육과정을 구성하고 있는데, 가장 많은 인구가 살고 있으며 영국을 대표하는 잉글랜드의 교육과정과 웨일스, 스코틀랜드의 유아음악교육과정에 해당하는 내용을 살펴보았다. 먼저 영국의 유아교육과정에 해당하는 유아 기초단계 교육체계는 0~5세 유아를 위해 모든 유아교육 제공자가 충족시켜야 하는 표준을 설정하여 법제화한 틀이다. 2012년 개정된 유아 기초단계 교육체계는 7개의 학습과 발달의 영역을 제시하고 있는데 첫째, 개인적, 사회적, 정서적 발달, 둘째, 의사소통과 언어, 셋째, 신체 발달, 넷째, 문식성, 다섯째, 수학, 여섯째, 세계에 대한 지식과 이해, 일곱째, 표현적 예술과 디자인이다. 한편 웨일스의 유아교육과정은 영국(잉글랜드)의 7개의 교육과정 영역과 완전히 일치하지는 않으나 유사하게 일곱 가지로 제시하고 있다.

웨일스의 유아교육과정은 3~7세 유아와 그들의 기술 발달을 지원하기에 적절한 교육과정의 일곱 가지 학습영역을 제시하였는데, 첫째, 개인적·사회적 발달, 웰빙과 문화적 다양성, 둘째, 언어, 문식성과 의사소통 기술, 셋째, 수학적 발달, 넷째, 웨일스 언어 발달, 다섯째, 세계에 대한 지식과 이해, 여섯째, 신체적 발달, 일곱째, 창의적 발달이다.

스코틀랜드의 유아교육과정에 해당하는 유아기 틀(The Early Years Frmmework)은 8개의 교육 내용을 제시하고 있는데, 표현적 예술, 건강과 웰빙, 언어, 수학, 종교와 도덕 교육, 과학, 사회교육, 테크놀로지 등이다.

이 세 지역 모두 유아음악교육과정에 대한 내용은 예술과 관련된 영역에 포함되어 있다. 영국(잉글랜드)의 경우 7개의 영역 중 표현적 예술과 디자인 영역에, 웨일스의 경우는 7개 영역 중 창의적 발달영역에, 스코틀랜드의 경우는 8개의 영역 중 표현적 예술영역에 음악과 관련된 내용이 포함되어 있다.

영국의 유아교육과정에 해당하는 유아 기초단계 교육체계에는 창의적 예술과 디자인 부분에서 예술영역에 대한 포괄적이고 간단한 지침만 제시되어 있으나 함께 제작된 보조 지침서인 유아 기초단계에서의 발달과제에 출생부터 월령에 따른 발달 단계별로 음악교육 내용이 자세히 제시되어 있다. 이 유아 기초단계에서의 발달과제에는 유아에 대한 부분, 성인에 대한 부분 그리고 제공해야 할 환경적 부분에 대한 구체적인 발달 지침이 제시되어 있다. 이 세 지역의 예술영역에 해당하는 교육과정은 공통적으로 창의성, 상상력 등을 강조하고 있는데, 특히 웨일스의 유아교육과정의 경우 음악에 해당하는 영역의 명칭이 창의적 발달영역으로 제시되었다. 이를 통해 영국의 세 지역 교육과정이 구체적인 음악적 기술이나 요소보다는 예술경험을 통한 유아의 아이디어를 창의적으로 발전시키는 데 중점을 두고 있음을 알 수 있다.

V 스웨덴의 유아음악교육과정

1. 서론

스칸디나비아 반도에 위치한 북유럽 국가인 스웨덴은 중앙집권적인 공교육 시스템으로 최근에는 교육영역에서 상당 부분 분권화되어 있다 (NCIC, 2014년 8월 인출).

스웨덴의 교육을 위한 국가 기관인 Skolverket는 의무교육 이전 기관을 크게 유아학교(Preschool)와 유치반(Preschool class), 기타 교육 활동 (Other pedagogical activities)으로 제시하고 있다. 이를 위한 교육과정은 유치원을 위한 교육과정 2010 개정판(Curriculum for the Preschool Lpfö

98, Revised 2010)과 의무학교(종합학교), 유아학교 및 레크리에이션 센터를 위한 교육과정 2011(Curriculum for the compulsory school, preschool class and the recreation centre 2011)이 있다.

유아학교는 5세 이하의 영유아가 다니는 유아교육기관이며, 부모의 취업이나 특수한 경우에는 1세부터 파트 타임으로 다닐 수 있다. 유치반은 취학 직전 교육인 미국의 K학년에 해당하는데, 유아학교와 의무학교(종합학교) 사이의 전이단계에 있는 학년이다. 스웨덴의 유아음악교육과정을 알아보기 위해서는 다른 국가에서 PreK와 K학년을 모두 살펴본 것과 마찬가지로 유아학교와 유치반에 해당하는 교육과정을 살펴볼 필요가 있다.

 용어 정리

- 유아학교(Preschool): 미국의 PreK 시기에 해당하는 것으로, 5세 이하의 영유아가 다니는 유아교육기관이다.
- 유치반(Preschool class): 취학 직전 교육 혹은 초등 직전 교육에 해당하는 시기로 미국의 K학년에 해당하며 의무학교(종합학교)가 시작되기 1년 전이고 유아학교와 의무학교(종합학교)와의 연계성을 강조한다.
- 레크리에이션 센터(Recreation centre): 유아학교, 유치반 외에 기타 교육 활동에 참여하는 기관이다.
- 레저 센터(Leisure center): 유아학교, 유치반 외에 기타 교육 활동에 참여하는 기관이다.
- 의무학교(Compulsory school): 의무교육, 즉 기본 필수교육의 시기로서 1학년에서 9학년까지 7세부터 15세에 해당하는 시기의 학교이다. 국가교육과정정보센터(ncic.go.kr)에는 종합학교로 번역되어 있다.

2. 스웨덴의 학제 및 유아교육과정

스웨덴의 학제는 5세 이하의 유아학교와 6세에 해당하는 유치반, 7~15세까지 9년간의 의무교육인 의무학교(종합학교) 그리고 16~18세에 해당하며 10~12학년인 고등학교로 이루어진다. 고등학교 이후 19~21세에 Supplementary education/Folk high school로 진학하거나 2~5년 과정의 대학에 갈 수 있으며 Supplementary education/Folk high school에 다닌 후 대학에 진학하는 것도 가능하다.

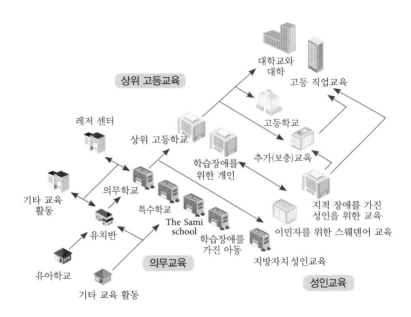

출처: http://www.skolverket.se/polopoly_fs/1.179241!/Menu/article/attachment/SVUS-Original-2012-EN.pdf에서 인출하여 재구성

[그림 2] 스웨덴 교육체계

표 10_ 스웨덴의 학제

과정 및 학교	학년	연령	
고등학교(Upper secondary school, 짐나지에슈쿨라)	10~12학년	16~18세	
종합학교(Compulsory school, 그란슈쿨라)	1~9학년	7~15세	의무교육
유치반(Preschool class, 포슈쿨리클라스)		6세	
유아학교(Preschool, 포슈쿨라)		1~5세	

출처: 국가교육과정정보센터(NCIC)

유아기에 해당하는 교육기관은 크게 세 가지 형태로 유아학교, 유치반 그리고 기타 교육 활동이 이루어지는 레크리에이션 센터나 레저 센터가 포함된다. 유아학교와 유치반 교육과정을 살펴보면 다음과 같다.

(1) 유아학교(Preschool)는 교육법과 교육과정(The Education Act and the curriculum)에 의해 규제된다. 교육과정에는 유아학교의 근본적인 가치와 과업, 유아학교 활동의 방향과 기대되는 발달을 명시한 목표 그리고 이에 대한 가이드라인이 제시되어 있다.

목표 및 가이드라인과 관련하여 다음에 제시된 영역에 대한 각각의 목표와 가이드라인을 제시하였다.
- 규범과 가치(norms and values)
- 발달과 학습(development and learning)
- 유아의 영향(influence of the child)
- 유아학교와 가정(Preschool and home)
- 유치반(Preschool class), 학교 그리고 레저센터와의 협력

- 후속 조치, 평가와 발달
- 유아학교 기관장의 책무

유아학교에 누가 다니는지 제시된 내용을 살펴보면 지방 자치국은 부모가 일하거나 학생인 경우 혹은 부모가 없거나 실직한 경우는 1세부터 보육을 제공해야 한다고 되어 있다. 부모가 없거나 실직한 경우의 유아에게는 하루에 최소 3시간 주별 15시간의 보육을 제공해야 하고 이보다 더 제공할 수도 있다. 일반적으로 모든 유아는 3세가 되는 가을학기부터 무료로 1년에 525시간을 유아학교에 다닐 수 있다. 또 특수지원이 필요한 학생도 무료로 유아학교에 다닐 수 있다.

유아학교 교육과정에는 음악이나 예술영역에 대한 교육 내용 영역의 성취 목표나 내용이 제시되어 있지 않고 포괄적인 예술 관련 내용만 간략히 언급되어 있는데 그 내용은 다음과 같다.

그림, 노래, 음악, 연극, 춤, 운동뿐 아니라 말과 글 같은 여러 가지 표현 방법에 의한 창의성과 소통은 유아의 발달과 학습을 촉진시키기 위해 유아학교에서 사용되는 내용과 방법을 제공한다. 이것은 또한 쌓기, 디자인하기, 다양한 재료와 테크닉 사용하기와 관련 있다. 멀티미디어와 IT 역시 유아학교에서 창의적 과정의 발달과 적용을 위해 사용될 수 있다.

(2) 유치반(Preschool class)은 6세에 다닐 수 있다. 유치반은 창의적인 활동과 놀이의 여러 요소를 가지고 학교의 자율성을 가지는 학교 형태이다. 유치반은 스웨덴에서 다수의 6세가 다니는 자발적인 학교 형태이다. 6세 이전에 유치반을 시작할 수도 있고, 대안으로 6세에 의무학교

를 시작할 수도 있다. 유치반은 보통 학생이 첫 학년에 다니기 시작할 학교와 밀접하게 관련된다. 유치반은 유아학교와 의무교육인 의무학교(종합학교) 사이의 과도기적 준비로서 기능해야 한다. 유치반은 유아학교와 의무학교 모두의 방법과 활동 접근법을 결합해야 한다. 유치반의 목적은 유아의 학습 발달을 자극하고, 이후 교육을 위해 학생을 준비시키며, 이에 더해 그들의 조화로운 발달을 촉진하는 것이다.

유치반 교육과정은 의무학교, 레크리에이션 센터 교육과정과 함께 전 학년 교육과정 2011(Curriculum for the compulsory school, preschool class and the recreation centre 2011)[*]에 제시되어 있다.

전반적인 교육과정은 다음의 세 부분을 포함한다.

① 근본적인 가치와 학교의 과업
② 교육을 위한 전반적인 목표와 지도 방안
③ 필수 지식에 의해 보완된 교수요목

이 중 전반적인 목표와 지도 방안은 다음과 같이 구성되어 있다.
- 규범과 가치
- 지식
- 학생의 책임과 영향
- 학교와 가정
- 전이와 협력

---

[*] http://www.skolverket.se/om-skolverket/publikationer/visa-enskild-publikation?_xurl_=http%3A%2F%2Fwww5.skolverket.se%2Fwtpub%2Fws%2Fskolbok%2Fwpubext%2Ftrycksak%2FRecord%3Fk%3D2704

- 학교와 주변 세계
- 평가와 성적
- 교장의 책무

　교수요목은 미술, 영어, 가정과 소비자 연구, 신체 교육, 건강, 수학, 현대 언어, 모국어 교육, 음악, 과학(생물, 물리, 화학), 사회과학(지리학, 역사, 종교, 시민론), 공예, 스웨덴어, 제2외국어로서 스웨덴어, 수화, 테크놀로지로 구성되어 있다. 이 중 현대 언어와 수화는 4학년부터 내용이 제시되어 있다.

• 전체 교육과정은 세 부분을 포함
1. 근본적인 가치와 학교의 과업
2. 교육을 위한 전반적인 목표와 지도 방안
3. 필수 지식에 의해 보완된 교수요목

– 근본적인 가치와 학교의 과업
　전체 교육과정의 첫 번째 부분은 의무학교, 학습장애를 가진 아동을 위한 의무학교, 특수학교와 The Sami school 모두 같다. 이 부분은 유아학교와 레크리에이션 센터에도 적용한다.

– 목표와 지도 방안
　전체 교육과정의 두 번째 부분은 매우 중요한 목표와 교육의 지도 방안으로 규범과 가치, 지식, 학생의 책임과 영향, 학교와 주변 세계, 평가와 성적이란 표제로 시작한다. 또한 학교와 가정의 학교 간 전이와 협력을 위한 안내도 있다. 이것은 교장의 책무도 포함한다. 이부분에서 의무학교, 학습장애를 가진 아동을 위한 의무학교, 특수 학교와 The Sami school의 전반적인 목표가 동일하다. 특수학교부분에서 의무학교, 학습장애를 가진 아동을 위한 의무학교, 특수학교와 The Sami school의 전반적인 목표가 동일하다. 특수학교는 한 가지의 목표, The Sami school의 두 가지 목표와 의무학교의 목표들도 가지고 있다. 학습장애를 가진 아동을 위한 의무학교는 이 학교의 유형과 훈련학교의 목적에 맞는 목표를 가지고 있다. 전체 교육과정의 두 번째 부분은 유아학교와 레크리에이션 센터에 알맞은 부분들로 지원한다.

- 교수요목과 필수 지식

전체 교육과정의 세 번째 부분은 교수요목과 다른 학교 유형에 지원 가능한 필수 지식을 포함한다. 교수요목은 과목의 목표와 핵심 내용을 포함한다. 교수요목에는 다른 학교 유형별 그 과목을 가르치는 이유에 대해 소개한다. 그 후에 목표와 가르치는 과목의 장기 목표가 주어진다. 중심 내용은 가르침에서 무엇이 다루어져야 하는가에 대해 서술한다. 중심 내용은 교사가 중심 내용을 보완하거나 더 깊이 있게 하기 위한 영역을 제공하기 위해 고안된다. 필수 지식은 받아들여질 수 있는 지식과 각각의 등급을 규정한다.

스웨덴 전 학년 교육과정은 의무학교뿐 아니라 유치반과 레크리에이션 센터에도 적용된다는 것을 알 수 있다. 5세 이하 유아학교에 해당하는 교육과정에서는 음악 또는 예술과 관련된 교육과정을 따로 제시하지 않았으므로 이 장에서는 의무교육 전 유아를 대상으로 하는 유치반을 포함하고 의무학교, 레크리에이션 센터를 위한 음악교육과정을 제시하였다.

3. 스웨덴의 유아음악교육과정

의무학교, 유치반 및 레크리에이션 센터를 위한 교육과정 2011(Cur-riculum for the compulsory school, preschool class and the recreation centre 2011)에는 앞에서 언급하였듯이 다양한 교수요목별로 교육 내용이 구체적으로 제시되어 있는데, 그중 음악과 관련된 부분을 발췌하면 다음과 같다.

1) 음악

음악은 모든 문화에 존재하며 신체적, 정신적, 감정적으로 인간에게 영향을 미친다. 표현의 미적 형식으로서의 음악은 우리에게 매우 다양한 맥락에서 사용되고, 다양한 기능을 가지며, 다양한 의미를 가진다. 음악은 또한 사람들이 사회적으로 공유하며 개인의 정체성 발달에 영향을 미칠 수 있는 중요한 부분이다. 우리 세대에, 다양한 문화와 시대에서의 음악은 새로운 표현법으로 다른 예술 형식과 어우러진다. 음악에 대한 지식은 사회의 문화 생활에 참여할 기회를 증가시킨다.

목표

음악을 가르치는 것은 음악을 연주하고 듣는 음악적 맥락에 참여하는 것을 가능하게 하는 지식을 개발하도록 유아를 돕는 것을 목표로 해야 한다.

가르치는 것은 표현의 형식과 의사소통의 수단으로서 음악을 습득할 수 있도록 유아에게 기회를 주어야 한다. 가르침을 통해서 유아는 그들의 목소리, 악기, 디지털 도구, 음악 개념과 다양한 음악적 형식과 상황에서의 기호를 사용하여 지식을 발달시킬 기회가 주어져야 한다.

가르치는 것은 유아에게 다른 사람들과 함께 창작하고, 작업하고, 다양한 형식의 음악을 공유하는 것이 가능하도록 음악에 대한 민감성을 발달시키는 기회를 주어야 한다. 가르치는 것은 유아에게 노래하고 연주하는 자신의 능력에 대한 자신감을 발달시킬 기회와, 자신의 음악적 창의성을 발달시키는 것에 대한 관심을 주어야 한다.

가르치는 것은 유아에게 음악을 통해 경험하고 반영하는 능력을 발달시켜야 한다. 유아의 음악적 경험은 다른 사람들의 음악적 경험과의 상호작용을 통해 도전받고 깊어져야 한다. 이렇게 함으로써 가르치는 것은 유아 자신과 다른 사람의 다양한 음악적 문화를 이해하고, 음악적 문화에 대한 지식을 발달시키는 데 기여해야 한다.

음악을 가르칠 때 필수적으로 다음과 같은 능력이 발달하도록 기회를 제공해야 한다.

- 다양한 음악적 형식과 장르를 연주하고 노래하는 능력
- 자신의 음악적 생각과 아이디어를 표현하고 전달하는 능력뿐 아니라 음악을 창작하는 능력
- 다양한 사회, 문화, 역사적 맥락에서 음악적 표현을 분석하고 토론하는 능력

2) 중심 내용 및 필수 지식

의무학교, 유치반 및 레크리에이션 센터를 위한 교육과정 2011(Curriculum for the compulsory school, preschool class and the recreation centre

2011)은 유아기와 의무학교 시기인 9학년까지의 교육과정 내용을 포괄하는데, 중심 내용은 1~3학년, 4~6학년, 7~9학년으로 구분하여 제시되어 있고, 필수 지식은 6학년 말까지와 9학년 말까지로 나누어 제시하고 있으며 각 학년 말에는 등급별로 필수 지식의 성취 목표를 기술하고 있다. 유아기만 독립적으로 제시되어 있지 않기 때문에 중심 내용은 가장 저학년인 1~3학년 내용을, 필수 지식은 6학년 말까지의 내용을 살펴보면 다음과 같다.

중심 내용

1~3학년

음악 연주하기와 창작하기

- 다양한 형식으로 노래하기와 연주하기: 합창으로 노래하기, 돌림노래와 응답가, 합주
- 동작, 리듬과 음조의 모방과 즉흥 연주
- 창작의 시작점으로서 글이나 그림을 따오는 것과 같은 음악 창작의 간단한 형식
- 소리, 리듬, 동작과 함께 노래와 이야기 해석

음악의 도구

- 리듬, 음색, 셈여림의 변화를 가진 악기로서의 목소리
- 리듬, 음색, 셈여림의 변화를 가진 타악기, 현악기와 건반악기
- 연주하기와 음악 작곡하기를 위한 구성 요소로서 리듬, 음색, 셈여림과 음높이
- 음악적 기호, 그림, 부호

음악의 맥락과 기능

- 음악을 들을 때 떠오르는 연상, 생각, 느낌, 이미지
- 관악기, 현악기, 건반악기와 타악기 등의 다양한 악기, 악기들의 소리와 모양
- 국가와 자주 불리는 찬송가, 스웨덴과 노르웨이 전통에 대한 이해가 담긴 동요를 포함하여 유아의 하루 일과 그리고 형식적 맥락과 연결되어 있는 음악

• 6학년 말의 필수 지식(Knowledge requirement at the end of year 6)

E등급 (Grade E)	• 학생은 함께 노래 부르는 데 참여하고 리듬과 음높이를 어느 정도 따라 할 수 있다. 또한 학생은 간단하게 각색된 멜로디, 베이스와 타악기 선율의 일부를 연주할 수 있고 몇몇 화음을 사용한 화음악기의 반주에 기여할 수 있다. 게다가 학생은 어느 정도 박자에 맞추어 노래하거나 악기를 연주한다. • 학생은 자신의 음악적 생각에 기초를 두어 목소리, 악기 또는 디지털 도구를 사용해서 음악을 창작하는 데 기여할 수 있고, 간단한 음악 패턴과 형식으로부터 시작하여 그것들이 만들어진 창작곡에 어떻게 기여하는지 볼 수 있다. • 학생은 자신과 타인의 음악을 만드는 데 단순한 논리적 사고를 적용할 수 있다. 학생은 또한 단순한 방법으로 자신의 음악적 경험을 표현할 수 있으며, 음악이 어떻게 사람들에게 영향을 미칠 수 있는지 묘사하고 예를 들어 설명할 수 있다. 게다가 학생은 약간 자신 있게 다양한 장르와 문화로부터 온 음악의 특색을 구별하고 예를 들 수 있다. 또한 학생은 약간의 확신과 함께 다양한 유형의 악기 예를 들 수 있다.
D등급 (Grade D)	• D등급은 E등급의 성취 목표와 C등급의 대부분의 성취 목표가 충족되는 것을 의미한다.
	• 학생은 함께 노래 부르는 데 참여할 수 있고 비교적 자신 있게 리듬과 음높이를 따라 할 수 있다. 학생은 간단하게 각색

C등급 **(Grade C)**	된 멜로디, 베이스 또는 타악기 선율의 대부분을 연주할 수 있고 화음악기를 반주할 수 있으며 몇몇 화음을 쉽게 바꿀 수 있다. 게다가 학생은 비교적 좋은 박자와 적절한 스타일로 노래하거나 악기를 연주한다. • 학생은 자신의 음악적 생각에 기초를 두어 목소리, 악기 또는 디지털 도구를 사용해서 음악을 창작할 수 있고, 간단한 음악 패턴과 형식으로부터 시작하여 그것들이 어떻게 합쳐지는지 볼 수 있고, 작곡으로 몇몇 부분을 작업할 수 있다. • 학생은 자신과 타인의 음악을 만드는 데 발달된 추론을 적용할 수 있다. 학생은 또한 발달된 방법으로 자신의 음악적 경험을 표현할 수 있고 음악이 사람들에게 어떻게 영향을 미칠 수 있는지 묘사하며 그 예를 들 수 있다. 게다가 학생은 비교적 상당히 자신 있게 다양한 장르와 문화로부터 온 음악의 특색을 구별하고 예를 들 수 있으며, 비교적 상당히 자신 있게 다양한 유형의 악기 예를 들 수 있다.
B등급 **(Grade B)**	• B등급은 C등급의 성취 목표와 A등급의 대부분의 성취 목표가 충족되는 것을 의미한다.
A등급 **(Grade A)**	• 학생은 함께 노래 부르는 데 참여할 수 있고 자신 있게 리듬과 음높이를 따라 할 수 있다. 학생은 간단하게 각색된 멜로디, 베이스 또는 타악기 선율을 연주할 수 있고 화음악기를 반주할 수 있으며 화음을 쉽게 바꿀 수 있다. 게다가 학생은 알맞은 박자와 적절한 스타일로 노래하거나 악기를 연주한다. • 학생은 자신의 음악적 생각에 기초를 두어 목소리, 악기 또는 디지털 도구를 사용하여 음악을 창작할 수 있고, 간단한 음악 패턴과 형식으로부터 시작하여 그것들이 어떻게 합쳐지는지 볼 수 있고, 작곡으로 대부분을 작업할 수 있다. • 학생은 자신과 타인의 음악을 만드는 데 적절한 논리적 사고를 적용할 수 있다. 학생은 또한 적절히 발달된 방법으로 자신의 음악적 경험을 표현하고 음악이 사람들에게 어떻게 영향을 미칠 수 있는지 묘사하고 예를 들 수 있다. 게다가 학생은 상당히 자신 있게 다양한 장르와 문화로부터 온 음악의 특색을 구별하고 예를 들 수 있다. 또한 학생은 상당히 자신 있게 다양한 유형의 악기 예를 들 수 있다.

4. 결론

스웨덴은 유아학교, 유치반, 레크리에이션 센터의 세 가지 형태가 모두 유아교육기관에 해당된다. 5세 이하 대상의 유아학교의 교육과정을 살펴보면 유아학교 활동 방향과 기대되는 발달을 명시한 목표는 제시하였으나 음악이나 미술, 예술 등과 같은 분과적인 교육과정 목표나 내용은 제시되지 않고 유아학교 과정과 관련한 내용에서만 창의성 및 다양한 예술의 표현 형태 등을 간략히 언급하고 있다. 취학 전 과정인 유치반의 경우 'Curriculum for the compulsory school, preschool class and the recreation centre 2011'을 통해 교육과정을 구체적으로 제시하고 있는데, 이 교육과정은 유치반뿐만 아니라 의무학교, 레크리에이션 센터 모두가 따르도록 제시된 교육과정이다. 이 교육과정에는 다양한 교수요목별로 교육 목표와 내용이 제시되어 있는데, 구체적인 교수요목으로 미술, 영어, 가정과 소비자 연구, 신체 교육, 건강, 수학, 현대 언어, 모국어 교육, 음악, 과학(생물, 물리, 화학), 사회과학(지리학, 역사, 종교, 시민론), 공예, 스웨덴어, 제2외국어로서 스웨덴어, 수화, 테크놀로지 등이 있다. 음악과 관련된 구체적인 성취 목표나 교수 내용도 독립적으로 제시되어 있는데, 목표와 교수 원리, 중심 교육 내용 등이 구체적으로 제시되어 있다. 또한 성취해야 할 필수 지식은 연령 혹은 학년별로 제시하지 않고, 6년을 마쳤을 때 요구되는 성취 기준을 제시하고 있다. 6학년 말에 성취해야 할 필수 지식은 A부터 E까지 5개의 수준으로 나누어져 있는데, 각 수준은 매우 구체적인 성취 목표 행동으로 제시되어 있다.

VI 노르웨이의 유아음악교육과정

1. 서론

노르웨이는 스칸디나비아 반도 서부에 위치한 나라로서 덴마크, 스웨덴, 핀란드, 아이슬란드와 함께 북유럽의 노르딕 국가이다. 노르웨이는 다른 노르딕 국가들과 마찬가지로 국가에서 지원하는 공교육 체제를 바탕으로 기본적인 교육 정책이 이루어진다.

유치원법(the Kindergarten Act)과 관련된 2005년 6월 17일 제64조(Act no. 64 of 17 June 2005)에서 노르웨이 국회가 유치원의 목적과 교육 내용을 관리하는 조정된 체계를 만들었다. 노르웨이 교육연구부(Ministry of

Education and Research)는 유치원의 교육 내용과 과업을 위한 구성 계획 (Framework Plan for the Content and Tasks of Kindergartens)*을 제공하는 법령을 규정하였다. 노르웨이의 유치원은 0~5세 유아를 대상으로 한 다. 유치원의 교육 내용과 과업을 위한 구성 계획은 모든 유치원이 유 아의 발달과 학습에 대해 목표 지향적으로 운영해야 하며, 유아의 언어 와 사회적 능력을 자극해야 한다고 명시하였다. 그리고 유아가 유치원 에서 습득해야 하는 일곱 가지 학습영역을 제시하였다.

유치원의 교육 내용과 과업을 위한 구성 계획은 2006년 3월 1일 교육 연구부에 의해 규정되었고, 2011년 1월 10일 개정되었다.

유치원 교육과정 구성 계획(framework plan)은 유치원의 가치, 내용 그리고 과업에 대한 지침을 제공한다. 이 구성 계획의 목적은 유치원의 원장, 주임 교사 그리고 다른 직원에게 유치원 활동의 계획, 실행, 평가 에 대한 법적 구속력 있는 체계를 제공하는 것이다. 그리고 구성 계획 은 부모, 기관장과 감독 당국에게 정보를 제공한다.

구성 계획은 운영하는 유치원의 다른 방식 그리고 지역의 상황과 규 제력을 지닌 환경(규제 기관이나 담당 관청 등)에 맞춰 조정될 것이다. 시 당국과 사립 기관장은 지역의 적응을 위한 지침을 준비하는 것에 협력 하는 것이 바람직하다.

노르웨이의 유치원은 0~5세 유아 대상으로서 의무교육은 아니다. 유치원 교육과정이라고 할 수 있는 2011년 개정된 유치원의 교육 내용 과 과업을 위한 구성 계획은 교육 내용을 일곱 가지 영역으로 제시하고 있는데, 첫째, 의사소통, 언어와 글, 둘째, 신체, 움직임과 건강, 셋째,

---

* http://www.regjeringen.no/upload/KD/Vedlegg/Barnehager/engelsk/
Framework_Plan_for_the_Content_and_Tasks_of_Kindergartens_2011.pdf

예술, 문화와 창의력, 넷째, 자연, 환경과 테크놀로지, 다섯째, 윤리, 종교와 철학, 여섯째, 지역사회와 사회, 일곱째, 수, 공간과 형태이다. 이 중 음악과 관련된 부분은 예술, 문화와 창의력으로 이 장에서는 예술, 문화와 창의력 부분을 발췌 · 번역하여 제시하였다.

용어 정리

- 유치원의 교육 내용과 과업을 위한 구성 계획(Framework Plan for the Content and Tasks of Kindergartens): 2006년 교육연구부에 의해 규정되고 2011년 개정된 유치원 교육과정에 해당하는 것으로 유치원의 가치, 내용 그리고 과업에 대한 지침을 제공한다.
- 유치원(Kindergarten): 노르웨이에서 유치원은 0~5세 유아가 다니는 유아교육기관이다.
- 노르웨이 교육연구부(Ministry of Education and Research): 우리나라의 교육부에 해당하며, 유아교육부터 고등교육까지 교육 정책 및 교육 연구에 책임이 있다.

2. 노르웨이의 학제 및 유아교육과정

노르웨이의 의무교육 기간은 6세부터 15세까지의 초등학교와 중학교 시기이다. 노르웨이 교육연구부에 의하면, 유치원 정책을 위한 정부의 목적은 적은 비용으로 양질의 유치원 인력 배치가 이루어지도록 하는 것이다. 유치원은 유아들에게 발달과, 유아들의 가정에 대한 깊은 이해와 협력하에서 활동하는 좋은 기회를 제공할 것이다. 유치원은 돌봄과 교육, 놀이와 학습을 포함하는 교육기관이다. 가정의 필요에 따라 유치원은 종일제 혹은 반일제로 운영할 수 있다. 유아를 위한 좋은 교육기관이 되는 것 외에도 유치원은 부모가 일하거나 공부하는 동안 유아들을 돌보아야 한다. 충분한 유치원을 세우는 것과 기관들의 운영을 발전시키는 것은 정부의 가장 중요한 우선순위가 되어야 한다(노르웨이 교육연구부).[*]

표 11_ 노르웨이의 학제

과정		학년	(보통의) 연령
제3차 교육		13~14학년	18~19세
후기 중등교육		11~12학년	16~17세
초등교육 / 전기 중등교육 (의무교육)	전기 중등교육	8~10학년	13~15세
	초등교육	1~7학년	6~12세
유치원교육			

3. 노르웨이의 유아음악교육과정

1) 유치원의 교육 내용과 과업을 위한 구성 계획

유치원의 교육 내용과 과업을 위한 구성 계획은 크게 세 부분으로 구성되어 있다.

---

[*] http://www.regjeringen.no/en/dep/kd/Selected-topics/kindergarden.html?id=1029

Ⅰ. 유치원의 사회적 요구

Ⅱ. 유치원의 교육 내용

Ⅲ. 계획과 협력

이 중 유치원의 교육 내용은

- 돌봄, 놀이와 학습

- 학습영역

계획과 협력은

- 계획, 기록과 평가

- 협력

으로 구성되어 있다.

교육과정 구성에서 다루는 학습영역은 크게 일곱 가지이다.

- 의사소통, 언어와 글

- 신체, 움직임과 건강

- 예술, 문화와 창의력

- 자연, 환경과 테크놀로지

- 윤리, 종교와 철학

- 지역사회와 사회

- 수, 공간과 형태

이 일곱 가지 학습영역 중에서 예술과 관련된 영역인 예술, 문화와 창의력 내용을 발췌·번역하여 제시하면 다음과 같다.

2) 예술, 문화와 창의력

유치원은 유아에게 자기 자신을 심미적으로 표현하는 것뿐 아니라 예술과 문화를 경험하기 위한 기회를 제공해야 한다. 문화 행사를 함께 경험하는 것과 공유된 활동을 하는 것 또는 창작하는 것은 화합을 조성한다. 유아는 자신의 경험을 기반으로 그들의 문화를 창조한다. 다채로운 예술, 문화 그리고 미학 경험은 유아에게 감각 지각, 경험, 실험, 창작 활동, 생각과 의사소통을 위한 기회를 많이 제공한다. 이 학습영역은 시각예술, 공예, 음악, 춤, 극, 언어, 문학, 영화, 건축학과 디자인 같은 표현 방식을 다룬다. 예술과 문화를 나타내는 것은 문화적 표현 방식과의 친숙함, 소속감을 조성하는 데 도움이 된다.

예술, 문화와 창의력에 관한 활동을 통해 유치원은 유아가 다음과 같이 하도록 도울 것이다.

- 다양한 문화, 예술 그리고 미학과의 만남과 문화, 예술, 미학에 대한 숙고를 통해 듣기, 관찰하기, 자신 표현하기를 위한 유아의 민감성을 발달시킨다.
- 유아의 문화적 정체성과 개인적 표현 방식을 강화한다.
- 유아의 상상력과 창의적 사고 과정을 이용하고, 사물을 창조하는 즐거움을 발견한다.
- 유아의 느낌을 처리하고 전달하는 능력을 발달시키고, 창조적 활동을 통해 다양한 표현 방식을 만들어 낸다.
- 시각적 언어, 음악, 노래, 춤과 극을 통해 자신을 심미적으로 표현하기 위해 도구, 기법과 방식의 기본적인 이해를 발달시킨다.

- 예술, 문화와 미학이 친밀함과 이해력을 발전시킨다는 것을 경험한다.

이러한 목표를 향해 나아가기 위해 교직원은 반드시 다음과 같이 해야 한다.

- 심미적 느낌과 표현의 형식을 수행하고 즐기기 위해서 성인과 유아 주도의 활동을 위한 충분한 공간을 만든다.
- 예술, 문화와 유아의 놀이 간 상호작용에 대한 의식적인 이해를 가진다.
- 유아가 매일 책, 그림, 악기, 가장 의상 그리고 창의적 활동을 위한 풍부하고 다양한 자료와 도구에 접근할 수 있도록 한다.
- 유아의 문화적 표현에 귀를 기울이고 주목하며 그들의 표현 방식에 대한 존중을 보여 주고, 미적 주제의 탐구를 계속하도록 격려한다.
- 유아가 자신을 표현하도록 동기를 부여하고, 자신의 표현 방식을 발견하는 것을 받아들인다.
- 물리적 환경과 그것의 내용물의 심미적 측면을 보장한다.
- 유아가 미적 현상과 그들이 접하는 자연과 물리적 세계의 세부 사항 그리고 건축, 그림, 글, 음악, 움직임과 같은 예술의 표현 형식을 관찰하도록 격려하고 자극한다.
- 유아가 지역, 국가, 국제적인 예술과 문화적 표현을 경험하고, 예술가와 만날 가능성을 얻게 한다.
- 유아에게 지역 인근의 문화적 풍경과 문화 유산을 교환하는 방법을 만드는 생생한 환경에 의해 전통에 친숙해지기 위한 기회를 제공한다.

4. 결론

노르웨이의 유치원은 0~5세 유아 대상으로서 의무교육은 아니며, 유치원 교육과정이라고 할 수 있는 유치원의 교육 내용과 과업을 위한 구성 계획(Framework Plan for the Content and Tasks of Kindergartens)이 2011년에 개정되었다. 유치원의 교육 내용과 과업을 위한 구성 계획은 교육 내용을 일곱 가지 영역으로 제시하고 있는데, 첫째, 의사소통, 언어와 글, 둘째, 신체, 움직임과 건강, 셋째, 예술, 문화와 창의력, 넷째, 자연, 환경과 테크놀로지, 다섯째, 윤리, 종교와 철학, 여섯째, 지역사회와 사회, 일곱째, 수, 공간과 형태이다. 이 중 음악과 관련된 부분은 예술, 문화와 창의력으로 구체적인 음악 교수 내용이나 성취 목표를 제시하기보다 예술, 문화 그리고 미학 경험의 가치와 예술경험을 제시할 때의 교수 원리나 교사의 역할 등이 제시되어 있다. 또한 내용영역을 연령별 혹은 수준별로 세분화하지 않았는데, 이는 포괄적인 내용 제시와도 관련된다고 할 수 있다. 노르웨이의 유아음악교육과정은 다른 유럽 국가들과 마찬가지로 예술영역에서 창의성을 강조하고 있으며, 더불어 전통문화뿐만 아니라 국제문화를 포함하는 문화적 경험을 강조하고 있다.

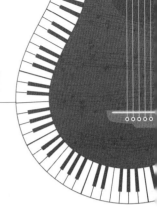

VII 싱가포르의 유아음악교육과정

1. 서론

동남아시아에 위치한 싱가포르 공화국은 도시국가로 일컬어지기도 하는 대표적인 다문화 국가이다. 좁은 영토와 적은 인구이지만 높은 교육열로 유명하다. 의무교육 시기는 7세부터 15세 미만까지이며, 교육부에서 유아교육부터 고등교육까지 교육 정책 및 교육과정 구성을 담당하고 있다.

싱가포르 교육부(Ministry of Education, MOE)는 싱가포르의 유아교육자를 지원하기 위한 유치원 교육과정 자료의 종합적인 도구 키트로 Nurturing Early Learners(NEL)를 개발하였다. 이 NEL 교육과정은 유아교육체계(the NEL Framework), 유아교육자 지침서(NEL Educators'

Guide), 교수 · 학습 자료(teaching and learning resources) 등 세 가지 요소로 구성된다.

이 중 2012 개정판 싱가포르 유치원 교육과정 구성체계(Nurturing Early Learners: A Curriculum Framework for Kindergartens in Singapore, revised 2012)*는 유아학교(Preschool)가 4~6세 유아를 위한 양질의 유치원 교육과정을 설계하고 시행하는 것을 안내하기 위해 교육부(MOE)에 의해 출판되었다.

이 문서는 교육부가 2003년에 출판한 싱가포르 유치원 교육과정 구성체계(Nurturing Early Learners: A Curriculum Framework for Kindergartens in Singapore)와 2008년에 출판한 유치원 교육과정 지침서(Kindergarten Curriculum Guide)에 대한 재검토 결과이다.

교육과정 내용은 크게 네 가지로 구성되어 있다.
- 싱가포르에서의 유아보육
- 우리의 신념과 원칙
- 실제에 교수 원칙 넣기
- 학습영역
(이 네 가지 외에 도입, 서론, 소개, 결론도 제시되어 있음)

이 중 학습영역은 여섯 가지로 제시되어 있다.
- 심미적, 창의적 표현(Aesthetic and Creative Expression)

---

* http://www.moe.gov.sg/education/preschool/files/kindergarten-curriculum-framework.pdf

- 세상에 대한 발견(Discovery of the World)

- 언어와 문식성(Language and Literacy)

- 운동 기술 발달(Motor Skills Development)

- 산술 능력(Numeracy)

- 사회적, 정서적 발달(Social and Emotional Development)

싱가포르의 유아음악교육과정에 해당하는 내용을 살펴보기 위하여 싱가포르 유치원 교육과정 구성체계의 학습영역 중 심미적, 창의적 표현 부분을 발췌 · 번역하여 제시하였다.

용어 정리

- 유아학교 교육(Preschool education): 4~6세의 연령에 해당하는 교육
- 유아교육체계(the NEL Framework): 싱가포르 유치원 교육과정 구성 체계
- 초등학교(Primary): 7~12세로 우리나라의 초등학교에 해당하는 시기. 다른 나라의 elementary 혹은 basic school에 해당한다.
- 중등학교(Secondary): 우리나라의 중학교에 해당하며 13~16세의 학생이 다닌다.
- 후기 중등학교(Post Secondary): 우리나라의 고등학교에 해당하며 17~19세의 학생이 다닌다.

2. 싱가포르의 학제 및 유아교육과정

의무교육 연령

의무교육법(Compulsory Education Act)에 따르면, 의무교육 대상은 7세부터 15세 미만으로서 싱가포르에 거주하는 싱가포르 시민으로 규정되어 있다. 이들은 장애가 있거나 지정된 학교에 다니거나 홈스쿨을 하기 때문에 면제되지 않는 한 반드시 학생 규정으로서 공립 초등학교에 다녀야 한다.

표 12_ 싱가포르의 학제

과정 및 학교	연령	기간
대학교(University)	20~23세	3~4년
후기 중등학교(Post Secondary)	17~19세	1~3년
중등학교(Secondary)	13~16세	4~5년
초등학교(Primary)	7~12세	6년
유치원(Preschool)	4~6세	3년

3. 싱가포르의 유아음악교육과정

1) 유치원 교육과정 구성체계 중 학습영역

싱가포르의 유치원 교육과정 구성체계의 학습영역은 6개의 학습영역으로 구성되어 있다. 각 학습영역들은 유아의 전인발달을 위해 주의 깊게 계획되어야 한다. 6개의 학습영역은 다음과 같다.

- 심미적, 창의적 표현
- 세상에 대한 발견
- 언어와 문식성
- 운동 기술 발달
- 산술 능력
- 사회적, 정서적 발달

각 학습영역은 학습 목표를 제시하고 있다. 이러한 학습 목표는 각 학습영역을 위해 규정되고 각 학습영역에서 유아들이 유치원 2과정 (K2)을 마쳤을 때 알아야 하며 할 수 있는 것에 대한 전반적인 기대수준이다. 어떤 유아들은 유치원 끝 무렵에 이러한 기대수준을 뛰어넘을 수 있을 것이며, 또 어떤 유아들은 그들의 발달적 요구에 따라 그 기대수준의 일부분을 성취하기 위해 계속 노력해야 할 것이다. 이러한 학습 목표는 교사가 유아를 위한 의미 있는 경험들을 계획하고 제공하도록 지도하기 위한 지식, 기술, 태도로 전환되어 있다.

유아가 학습영역들에 대한 필요한 지식, 기술, 태도를 습득할 수 있는 기회를 제공받을 때 교사는 학습과정에 초점을 맞추는 것을 권장한다. 교사들은 유아들이 필요한 지식과 기술을 습득할 때까지 그것들을 형성할 수 있도록 지식, 기술, 태도가 점점 넓어지고, 깊어지고, 복잡해지도록 그리고 다양한 방식으로 그것들을 계속적으로 다시 경험하도록 소개하고 강화해야 한다.

유아음악에 대한 학습영역이 독립적으로 제시되어 있지 않으나, 유아예술교육과정 부분에 해당하는 심미적, 창의적 표현 학습영역을 중심으로 살펴보고자 한다.

심미적, 창의적 표현

유아는 그리기, 노래 부르기, 음악에 맞춰 움직이기를 즐기고 미술, 음악, 동작 활동에 자발적으로 반응한다. 심미적, 창의적 표현에서는 최종 결과 또는 결과물보다는 과정과 긍정적인 학습경험에 초점을 맞춘다. 시각예술, 음악, 동작경험은 유아를 표현력 있고 창의적이며 상상력이 풍부하게 한다. 유아는 자기 자신과 자신이 보는 세계에 대한 생각과 느낌을 표현할 수 있다.

학습 목표 1: 미술, 음악, 동작 활동을 즐기기

유아가 자신이 하고 있는 것을 즐길 때 과제를 끝내도록 동기 부여가 될 것이며, 따라서 그들에게 성공감과 유능감을 가져다준다. 교사는 유아가 선택할 수 있는 다양한 미술 재료, 악기, 동작경험을 제공할 수 있고 이에 따라 유아는 선택하고 결정하는 기회를 가진다.

학습 목표 2: 미술, 음악, 동작을 통해 생각과 느낌을 표현하기

유아는 그 시기에 말로는 할 수 없는 자신의 생각과 느낌을 표현하기 위해 미술과 음악의 요소들을 탐색한다.

학습 목표 3: 실험과 상상을 사용하여 미술, 음악, 동작을 창작하기

특별히 예술에서 유아는 창작 과정 동안 자신의 결정에 대해 교사가 미치는 영향 없이 자유롭게 탐색하고 모험을 할 것이다. 실험과 상상을 위한 시간이 주어졌을 때 유아는 자신의 표현과 해석의 가치를 평가하기 위해 성장할 것이다. 이는 유아에게 성취감을 가져다주며 유아가 미술, 음악, 동작을 즐기는 데 기여한다.

학습 목표 4: 미술, 음악, 동작에 대한 생각과 느낌을 나누기

유아가 보고, 듣고, 행동한 것에 대한 생각과 느낌을 표현하는 기회가 제공될 때, 유아는 자신이 아는 것과 이해하는 것 그리고 느끼는 것 간의 연관성을 만들기 시작할 것이다. 이는 유아가 예술에 대한 감상을 발달시키고 미술, 음악, 동작 활동에 대한 즐거움을 향상시키는 데 도움을 줄 것이다.

2) 심미적, 창의적 표현 학습영역의 학습 목표 및 구성 내용

이제부터 소개되는 학습 목표의 하위 내용범주는 주요 지식, 기술, 태도와 유아의 학습과 발달에 있어서 관찰 가능한 예시로 그 내용이 구성되어 있는데, 예술영역에 해당하는 심미적, 창의적 표현의 지식, 기술, 태도 및 관찰 상황 예시는 미술 부분(Art)과 음악과 동작 부분으로 나누어 제시되어 있다. 이 중 음악과 동작 부분을 발췌하여 제시하면 다음과 같다.

학습 목표 1: 미술, 음악, 동작 활동을 즐기기

학습 목표 2: 미술, 음악, 동작을 통해 생각과 느낌을 표현하기

주요 지식/기술/태도	유아의 학습과 발달은 관찰될 수 있어야 한다. 관찰 가능한 상황 예시*
음악 및 동작 • 음악적 요소들을 인식하기 - 셈여림(예: 센/여린) - 박자(예: 빠른/느린) - 음높이(예: 높은/낮은) - 리듬(예: 긴/짧은) • 다양한 자료로부터 소리를 인식하기(예: 환경, 악기) • 음악적 요소에 대한 인지를 보여 주기 위해 환경의 소리/목소리/신체 타악기/간단한 타악기 등을 사용하기 • 율동/신체 타악기/타악기를 사용하며 자신 있게 노래 부르기 • 생각과 느낌을 표현하기 위해 신체 움직임을 탐색하기	• 노래 부르기와 타악기 연주(예: 캐스터네츠, 트라이앵글, 차임 바(chime bars))를 통해 음악적 요소들을 탐색할 때 • 자연의 소리(예: 부는 바람, 지저귀는 새, 구급차의 사이렌)를 듣고 식별할 때 • 흔히 사용되는 악기들(예: 드럼, 실로폰)의 소리를 듣고 식별할 때 • 다양한 음악(예: 전래동요, 동요, 공동체 노래, 유명한 작품의 짧은 부분 등)을 듣고 음악적 요소들을 식별할 때 • 기억이나 노래 악보판의 도움을 받아 다양한 라임과 노래를 부를 때 • 노래, 라임, 이야기를 각색하기 위해 목소리, 몸의 움직임 또는 타악기를 사용할 때 • 노래, 라임, 찬트의 반주를 위해 물건/타악기로 간단한 리듬을 연주할 때 • 다양한 방법의 움직임(예: 직선의/지그재그의, 높은/낮은, 앞으로/뒤로/옆으로, 무거운/가벼운, 빠른/느린)을 탐색할 때 • 생각 그리고/또는 느낌(예: 낙엽, 로봇, 강아지 같은)을 표현하기 위해 다양한 방법으로 움직일 때

＊ 유아의 학습과 발달의 예는 완벽하거나 특정 연령에 한정된 것이 아니다. 교사들은 유아의 능력, 흥미, 발달적 요구에 기반을 둔 적절한 학습 기회를 제공하기 위해 융통성을 가진다.

학습 목표 3: 실험과 상상을 사용하여 미술, 음악, 동작을 창작하기

주요 지식/기술/태도	유아의 학습과 발달은 관찰될 수 있어야 한다. 관찰 가능한 상황 예시
음악 및 동작 • 노래 반주를 위해 간단한 리듬을 타악기로 즉흥 연주하기 • 노래의 새로운 가사와 율동을 창작하기 • 자극(예: 음악, 이야기)에 대한 반응으로 상상력을 사용하여 음향효과와 동작을 창작하기	• 소리를 만들어 내기 위해 목소리, 사물(예: 종이 찢기, 깡통 두드리기), 신체의 여러 부분(예: 손뼉 치기, 입술로 쪽 소리 내기), 타악기를 사용해서 실험할 때 • 주변 환경의 재료들(예: 블록, 숟가락, 냄비와 프라이팬, 우유통, 물병 등)을 사용해서 악기를 만들 때 • 노래와 동화, 동시 반주를 위해 목소리, 사물, 신체의 일부, 타악기를 사용하여 다양한 음향효과를 창작할 때 • 노래 반주를 하거나 이야기를 각색하기 위해서 율동/동작/리듬을 창작할 때 • 친숙한 전래동요나 노래의 가사를 수정하여 새로운 노래를 창작할 때

학습 목표 4: 미술, 음악, 동작에 대한 생각과 느낌을 나누기

주요 지식/기술/태도	유아의 학습과 발달은 관찰될 수 있어야 한다. 관찰 가능한 상황 예시
음악 및 동작 • 여러 종류의 음악(예: 세계의 동요, 다른 문화의 음악)을 듣고 음악에 대해 이야기 나누기 • 다양한 음악과 춤 공연(예: 방그라(bhangra), 디키르 바랏(dikir barat), 조겟(joget), 현대무용, 사자춤, 경극(Chinese opera))을 알기	• 유아가 음악을 들었을 때 어떻게 느끼는지 또는 무엇을 상상하는지에 대해 이야기할 때 • 유아가 다양한 노래, 음악, 동작경험 중 어떤 부분이 좋았는지 이야기할 때

4. 결론

싱가포르는 7세부터 의무교육이 시작되며 4~6세 유아들이 유아학교 연령에 해당한다. 유아교육과정에 해당하는 2012 개정판 싱가포르 유치원 교육과정 구성체계(Nurturing Early Learners: A Curriculum Framework for Kindergartens in Singapore, revised 2012)는 4~6세 유아를 위한 양질의 유치원 교육과정을 설계하고 시행하는 것을 안내하기 위해 교육부(MOE)에 의해 출판되었다. 이 교육과정의 학습영역은 여섯 가지로 제시되어 있는데, 첫째, 심미적, 창의적 표현, 둘째, 세상에 대한 발견, 셋째, 언어와 문식성, 넷째, 운동 기술 발달, 다섯째, 산술 능력, 여섯째, 사회적, 정서적 발달이다. 이 중 예술 관련 영역인 심미적, 창의적 표현에는 미술, 동작, 음악의 내용이 포함되어 있는데, 이는 많은 경우 예술영역에 극놀이나 연극이 포함되어 있는 것과 차이가 있다. 싱가포르 유아교육과정 내용영역에 해당하는 심미적, 창의적 표현영역은 우리나라를 비롯해 세계 여러 나라의 유아 예술경험 영역이 유아교육과정 학습영역 내에서 가장 마지막 혹은 마지막 순서로 포함되어 있는 것에 비해 첫 번째로 제시되어 있는 영역이라는 점이 주목할 만하다. 교육과정 내의 학습영역 제시 순서가 반드시 유아교육 내용영역에서의 중요도 순위를 나타내는 것은 아니더라도 싱가포르에서 심미적, 창의적 표현영역, 즉 예술 관련 영역을 유아교육과정 내에 첫 영역으로 제시한 것으로 보아 유아에게 있어 창의적인 예술경험을 중요시하는 것을 간접적으로나마 짐작해 볼 수 있는 부분이다. 유아음악교육과정의 내용영역이라고 할 수 있는 심미적, 창의적 표현영역은 연령별로 구분되어 있지는 않지만 네 가지 학습 목표를 제시하고 있는데, 예술 활동을 즐기고, 예술을 통해 생각과 느낌을 표현하며, 실험과 상상을 사용하여 창작하고, 미술, 음악, 동작에 대한 생각과 느낌을 나누는 것 등이다. 또한 지식, 기술, 태도로 제시하고 음악 관련 부분은 음악 및 동작으로 제시하여 음악과 춤이나 움직임을 통합한 활동을 다수 포함하고 있다. 그리고 관찰 가능한 상황 예시까지 제시하여 교사들이 구체적인 교수 지침으로 활용하도록 하였다.

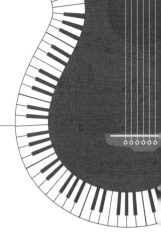

Ⅷ 일본의 유아음악교육과정

1. 서론

동북아시아 한국의 동해와 북태평양 사이에 위치한 일본은 4개의 섬과 주위의 수천 개의 작은 섬으로 이루어졌다. 일본의 학제는 유, 초, 중, 고등학교에 걸쳐 3-6-3-3체제이며 의무교육 기간은 6~14세까지 9년이다. 교육 정책과 교육과정은 문부과학성(Ministry of Education, Culture, Sports, Science and Technology, MEXT)에서 주관하는데, 문부과학성은 전국에 걸쳐 견고하게 적용되도록 교육 표준을 보장하기 위한 프로그램을 조직하면서 유치원부터 고등학교까지 모든 학교를 위한 폭넓은 표준(standard)으로서 교육과정을 명확히 제시하였다.

이 교육과정은 일반적으로 10년마다 개정되어 왔다. 유치원, 초등과 중등학교를 위한 교육과정은 2008년 3월에 그리고 특수교육은 2009년 3월에 개정되었다. 새로운 교육과정은 기본 교육법의 개정에서 표현된 교육적 원칙에 근거한 유아의 '삶에 대한 열정'을 육성하기 위한 목표가 계속된다. 새로운 교육과정은 교육 내용의 질을 높이고 학급의 수를 늘리며 기본적인 그리고 핵심적인 지식과 기술의 습득과 생각하고 결정하고 자신을 표현하는 능력 조성 간의 균형에 중점을 둔다.

유아교육과정에 해당하는 유치원을 위한 학습과정(Course of study for kindergarten, 2008)은 문부과학성에서 제시한 것으로, 구체화된 교육과정의 목표와 표준 내용에 대한 광범위한 지침 형태인데, 유치원 교육을 위한 국가수준의 교육과정이다.

유치원을 위한 학습과정은 크게 세 부분으로 구성되어 있다. 제1장은 일반적 조항으로, 유치원 교육의 기본 철학과 교육과정의 편성, 방과 후 과정 활동에 대해 다루고 있다. 제2장에는 총 5개 영역에 대한 목표와 내용 그리고 내용 다루기가 제시되어 있고, 마지막으로 제3장에는 방과 후 과정에 제공되는 교육 활동을 위한 지도 방법 시 유의사항이 제시되어 있다.

제2장의 목표와 내용 부분에서 5개 영역에 제시된 내용은 건강(신체적 그리고 정신적 건강), 인간관계(유아 간 그리고 다른 사람과의 관계), 환경(유아의 주변 그리고 그들과의 관계), 언어(언어 습득의 과정), 표현(느낌과 표현)이다. 이러한 내용은 개별 유아의 발달 측면과 통합된다.

적절하고 구체적인 내용은 각 영역에서 나타낸 목적에 부합되게 창의적으로 개발될 수 있고, 제1장에 제시된 유치원 교육의 기본 철학에서 벗어나지 않도록 세심하게 주의한다면 추가도 허용된다.

이 가운데 음악교육과정과 관련된 내용이 포함될 수 있는 표현영역의 목표와 내용 그리고 내용 다루기를 발췌하여 제시하였다.

용어 정리

- 문부과학성(Ministry of Education, Culture, Sports, Science and Technology): 교육과 과학, 문화, 스포츠와 종교 행정 업무의 주관 부서로 교육과정과 정책을 주관하고 있으며, 약자인 MEXT로 많이 쓰인다.
- 표준(standard): 교육 내용에 기준을 제시한 것으로, 교육과정과 혼용하여 사용한다. '기준'이나 '규준'으로 번역되기도 한다.
- 유치원을 위한 학습과정(Course of study for kindergarten): 유치원 교육과정에 해당하는 것으로 2008년 문부과학성에서 개정·발표하였고 2009년 4월 1일부터 시행되었다.

---

2. 일본의 학제 및 유아교육과정

기본 교육법과 학교교육법은 1947년에 제정되었고, 초등학교부터 대학교까지 6-3-3-4 학교교육 시스템은 교육의 동등한 기회 원칙을 실현하는 것을 목표로 수립되었다.

유치원의 목적은 학령기 유아에게 견실한 교육적 환경을 제공함으로써 그들의 정신과 신체를 발달시키는 것이다. 유치원은 3, 4, 5세 유아들의 요구를 만족시키고, 그들에게 1~3년 과정을 제공한다.

일본의 학제는 우리나라의 학제와 유사한데, 3~5세에 해당하는 유아교육, 6~11세의 초등교육 6년, 12~14세의 전기 중등교육 3년과 15~17세의 후기 중등교육 3년 과정으로 이루어지며 의무교육은 중학교 과정까지 9년 동안 이루어진다. 이를 정리하면 〈표 13〉과 같다.

표 13_ 일본의 학제

과정	학년	연령	학교
고등교육		18세~	대학교
후기 중등교육	10~12학년	15~17세	고등학교
전기 중등교육	7~9학년	12~14세	중학교
초등교육	1~6학년	6~11세	초등학교
유아교육		6세 미만	유치원

(특수학교는 초등교육~후기 중등교육 구간을 포괄)

3. 일본의 유아음악교육과정

2008년 개정된 유치원을 위한 학습과정은 유치원 교육과정에 해당하며 2009년 4월 1일부터 시행되었다. 유치원을 위한 학습과정은 건강, 인간관계, 환경, 언어, 표현 등 5개의 학습영역으로 구성되어 있으며 각 학습영역은 목표와 내용 및 내용을 다룰 때의 고려 사항을 제시하고 있다. 음악영역은 독립적으로 제시되어 있지 않으므로 예술영역에 해당하는 표현영역의 목표와 내용 및 고려 사항을 발췌하여 제시하면 다음과 같다.

1) 제2장 목표와 내용[*]

이 부분은 유아가 유치원을 졸업할 때까지 발달될 것으로 기대되는 부분인 유아가 살아가는 힘을 길러 주는 기초로서의 감정, 의지, 태도 등의 육성에 초점을 맞추는 유아교육의 목표를 서술한다. 그다음의 내용은 유아의 발달 측면, 즉 건강(신체적, 정신적 건강), 인간관계(유아와 다른 사람과의 관계), 환경(유아의 주변 환경과 그들과의 관계), 언어(언어 습득의 과정), 표현(느낌과 표현)을 통합한다.

고려 사항은 유아가 다양한 경험을 하는 동안 서로 관계가 있는 방식으로 각 영역에서 명시하는 목표를 달성하기 위해 지속적으로 제공되어야 한다. 그리고 교육과정의 내용은 유아의 학습 환경과 관련하여 개발된 세부적인 활동을 통해 포괄적인 방식으로 제시되어야 한다. 그러한 것들을 하기 위해 특별한 필요가 있을 때, 적절하고 세부적인 내용은 각 영역에 나와 있는 목표에 따라 창의적으로 개발될 수 있다. 그리고 제1장 제1절 유치원 교육의 기본 철학으로부터 일탈하지 않도록 세심한 주의를 기울이는 한 추가 사항은 허용될 수 있다.

2) 표현(Expression)

풍부한 감정과 자기 자신을 표현하는 능력 발달시키기 그리고 경험과 사고를 자신의 말로 표현하여 창의력 향상시키기

---

* http://www.mext.go.jp/component/english/__icsFiles/afieldfile/2011/04/07/1303755_002.pdf

(1) 목표

① 다양한 것의 아름다움과 다른 특성에 대한 깊은 감각을 발달시키기

② 자기 자신의 방식으로 느낌과 생각 표현하는 것을 즐기기

③ 풍부한 상상력을 이용하여 하루 일과 중에 다양한 방법의 자기 표현을 즐기기

(2) 내용

① 하루 일과 중에 다양한 음, 색, 형태, 질감, 동작을 느끼고 인식하는 것을 즐기기

② 사람들을 감정적으로 움직이고 감동시키는 아름다운 것을 접하기 그리고 풍부한 이미지 창작하기

③ 다양한 사건에서의 감정적 반응 전달하는 것을 즐기기

④ 소리, 움직임, 그리기, 색칠하기 그리고 자유로운 표현 같은 매체를 이용해 느낌과 생각 표현하기

⑤ 다양한 자료와 친숙해지고 놀이에서 그 자료들을 창의적으로 활용하기

⑥ 음악과 친숙해지고, 노래 부르기를 즐기고, 간단한 리듬악기 등을 사용하기

⑦ 그리기와 색칠하기, 물건 창작하기를 즐기고, 만든 장식 같은 것을 놀이에 사용하는 것을 즐기기

⑧ 표현하기, 공연하기를 즐기고 말과 동작을 통해서 자신이 만든 이미지를 가지고 연주하기를 즐기기

(3) 고려 사항

표현과 관련된 내용을 다루는 것에 대해 다음의 사항에 주의하는 것
이 필요하다.

① 유아의 풍부한 감정은 자연, 유아를 둘러싸고 있는 환경뿐만 아
   니라 또래나 교사와의 경험에 대한 그들의 느낌을 다양한 방법으
   로 나누고 표현하는 것과 깊은 상호작용을 하는 동안 아름답고
   훌륭하며 유아의 마음을 움직이는 것과의 만남을 통해 발전되어
   야 한다.

② 유아가 종종 간단한 방식으로 스스로를 표현할 때, 교사는 유아
   들이 다양한 방식으로 자신을 표현하는 것을 즐기도록 격려해야
   한다. 이와 같은 격려는 이러한 방식의 표현을 수용하고, 유아들
   이 스스로 표현하고자 하는 것을 인식함으로써 이루어질 수 있다.

③ 유아가 다양한 방법으로 자신을 표현하는 것을 즐기고 발달 단계
   와 경험에 적합한 방법으로 스스로를 표현하는 데 충분한 의도를
   발휘하도록 교사는 유아의 표현 과정에 중점을 두고 놀이 용품과
   기구를 제공하며 더불어 다른 유아의 자기 표현을 들을 수 있는
   기회를 주어 스스로를 표현하는 것을 즐길 수 있도록 격려하는
   창의적인 방법을 제시해야 한다.

4. 결론

일본의 학제는 우리나라와 비슷한 유, 초, 중, 고등학교에 걸친 3-6-3-3체제이며, 초등부터 중학교까지 의무교육이다. 유아교육과정에 해당하는 유치원을 위한 학습과정은 일본의 문부과학성에서 제시한 것으로, 구체화된 교육과정의 목표와 표준 내용에 대한 광범위한 지침 형태인데, 유치원 교육을 위한 국가수준 교육과정이다. 유치원을 위한 학습과정은 유아의 학습영역별로 교육과정을 구성하고 있는데, 5개의 발달영역을 제시하고 있다. 그 구체적인 내용은 첫째, 건강(신체적, 정신적 건강), 둘째, 인간관계(유아와 다른 사람과의 관계), 셋째, 환경(유아의 주변 환경과 그들 간의 관계), 넷째, 언어(언어 습득의 과정), 다섯째, 표현(느낌과 표현)이다. 이 중 유아음악교육과정에 해당하는 부분은 표현영역인데, 예술에 관해 매우 포괄적으로 제시하고 있으며 음악적인 부분은 매우 간단하다. 음악영역에서는 목표와 내용, 지도 시 고려 사항으로 나누어 제시하고 있는데 예술을 즐기고, 표현하고, 활용하는 내용으로 구성되어 있다. 연령별이나 수준별로 교육 내용이나 목표를 구체적으로 제시하지는 않았다.

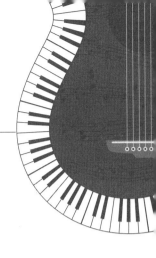

Ⅸ 홍콩의 유아음악교육과정

1. 서론

주룽청

란타우 섬　　　　애버딘　홍콩 섬

라마 섬　스탠리

　중국 대륙 남동부에 위치한 홍콩은 중국의 특별행정 구역이며 중국
어와 영어를 공용어로 사용하고 있다. 교육 정책 및 교육과정은 교육부
(Education Bureau)에서 주관하며, 의무교육 기간은 6~14세이다.

　세계적인 유아교육 추세의 영향과 홍콩 교육체계 운동 그리고 교육
과정 개혁과 함께 홍콩의 교육과정 개발위원회(Curriculum Development
Council, CDC)는 2007년부터 모든 유아교육기관(Pre-primary institutions)
에서 시행될 개정된 유아교육과정 지침서(Guide to the Pre-primary Cur-
riculum, 2006)를 출판했다. 유아교육과정 지침서는 유아교육이 평생 학
습과 전체적인 인간 발달을 위한 기초가 됨을 강조한다.

교육과정 체계에는 유아를 위한 신체 발달, 인지와 언어 발달, 정서와 사회성 발달, 심미적 발달이라는 네 가지 발달 목표가 있다. 이러한 목표는 신체 운동과 건강, 언어, 초기 수학, 과학과 테크놀로지, 자아와 사회, 예술의 여섯 가지 학습영역을 통해 성취될 수 있다. 특히 유아의 기본적인 기술 발달시키기, 기본적인 개념 개발하기 그리고 긍정적인 가치와 태도 함양하기에 강조점을 둔다. 모든 학습의 종류는 지식, 기술, 태도의 세 가지 핵심 요소로 구성된다. 이는 유아가 삶을 위한 준비를 하고 미래 학습의 기초를 준비하기 위한 전반적인 영역의 발달(윤리, 지적 능력, 체격, 사회적 기술 그리고 미학)을 이루도록 육성한다. 이를 정리하면 〈표 14〉와 같다.

표 14_ 홍콩 유아교육과정 지침서의 영역 구성

4대 발달 목표	신체 발달
	인지와 언어 발달
	정서와 사회성 발달
	심미적 발달
6개 학습영역	신체 운동과 건강
	언어
	초기 수학
	과학과 테크놀로지
	자아와 사회
	예술
3개 핵심 요소	지식
	기술
	태도

이 장에서는 여섯 가지 학습영역 중 음악과 관련된 부분인 예술영역의 내용을 발췌·번역하여 제시하였다.

2. 홍콩의 학제 및 유아교육과정

홍콩의 학제는 크게 세 부분으로 나누어지는데 유아교육, 초·중등교육, 고등교육이다.

먼저 유아교육(Kindergarten education)을 살펴보면, 교육부에 등록된 유치원 그리고 유치원 겸 보육 센터(Kindergartens and kindergartencum-child care centres)는 3~6세 유아를 위한 서비스를 제공한다. 현재 대부분의 유치원은 반일제 기준으로 운영되고, 유치반과 유아반 그리고 영아반을 제공한다. 몇몇 유치원은 종일제 학급도 제공한다.

초등 및 중등교육(Primary and Secondary School Education)의 경우, 9년 동안 일반적으로 초등학교와 중학교 교육이 무상으로 제공되며, 모

든 유아가 공립학교에 다니도록 한다. 2008/9년부터 고등학교 교육도
공립학교를 통해 무상으로 제공하기 시작하였다.

표 15_ 홍콩의 학제

과정	학년	연령	학교
후기 중등교육 (Post secondary education)	6~7학년	17~18세	예과
중등교육 (Secondary education)	4~5학년	15~16세	고등학교 (Senior secondary school)
	1~3학년	12~14세	중학교 (Junior secondary school)
초등교육 (Primary education)	1~6학년	6~11세	초등학교 (Primary school)
유아교육 (Early Childhood education)		3~6세	유치원 (Kindergarten, kindergarten-cum-child care centres)

3. 홍콩의 유아음악교육과정

1) 유아교육과정 지침서(Guide to the Pre-primary Curriculum)[*]

이 교육과정은 2~6세 유아가 다니는 유아교육기관을 위해 교육과정
개발위원회(The Curriculum Development Council, CDC)가 마련하였다.

---

[*] http://www.edb.gov.hk/en/curriculum-development/major-level-of-edu/prepri-
mary/curr-doc.html

유아교육기관은 유아교육의 목표를 달성하기 위해 적절한 곳에, 그들 자신의 사정과 필요를 고려하여 유아교육과정 지침서에서 제시한 권고를 취할 것을 권장한다. 이 지침서는 개요에서 유아교육의 목적을 유아의 전인발달을 기르는 것으로 명시하고 있다. 이와 같은 관점에서 교육과정의 핵심은 유아를 위한 네 가지 발달 목표인데, 즉 신체 발달, 인지와 언어 발달, 정서와 사회 발달, 심미적 발달이다. 이러한 발달 목표들은 여섯 가지 학습영역을 통해 성취되는 것이 필요한데, 여섯 가지 학습영역은 신체 운동과 건강, 언어, 초기 수학, 과학과 테크놀로지, 자아와 사회, 예술이다. 모든 학습영역은 지식, 기술, 태도의 세 가지 핵심 요소를 포함하며 이것은 유아교육과정에서 강조되고 있다. 그러나 유아기에는 구체적인 과목의 학습보다는 기초 개념의 발달이 학습 습득에 있어 중요하다. 이 지침서는 개요, 교육과정 체계 구성, 교육과정 계획, 교수학습, 평가, 초등학교로의 전이, 홈스쿨링과의 협력 등의 내용으로 구성되어 있다. 이 중 예술영역의 내용이 드러나 있는 발달적 목표, 각 학습영역별 학습 목표와 교수 원칙, 평가영역 등을 중심으로 예술에 관한 부분을 발췌·번역하여 제시하였다.

2) 예술

예술은 유아의 감각적 경험을 확장시킬 수 있고, 유아가 다양한 매체를 통해 세계를 탐색하고 인지하는 것을 도울 수 있다. 유아는 자신의 감정과 느낌을 표현하고 자신을 둘러싼 세계의 여러 가지 것을 인식하기 위해 시각, 청각, 촉각뿐 아니라 신체 동작을 사용할 수 있다. 또한 표현의 매체인 예술을 통해 예술이 사람에게 만족감을 주는 것처럼 유아는 다른 사람과 행복하게 의사소통할 수 있다. 음악, 드라마, 춤, 시각예술과 같이 흥미롭고 균형 잡히며 다양화된 예술 활동에의 참여뿐 아니라 예술의 감상과 창작은 유아의 심미적 감각, 상상력, 창의성과 의사소통 기술을 함양할 수 있다. 유아는 예술 감상과 공연에서 즐거운 경험을 가질 수 있고, 이는 결국 예술에 대한 유아의 흥미를 불러일으키고 평생 학습의 태도를 발달시킨다.

(1) 학습 목표
① 자신의 감각과 신체를 사용해 다양한 창의적인 활동의 재미를 즐길 수 있다.
② 상상과 연상을 통해 자신의 표현과 의사소통 능력을 향상시킬 수 있다.
③ 다양한 매체와 자료를 통해 자신을 표현할 수 있다.
④ 자연과 예술작품의 아름다움을 감상할 수 있다.
⑤ 다양한 문화를 경험하고 다각적인 시야를 발달시킬 수 있다.
⑥ 창조성을 발달시킬 수 있다.

(2) 교수 원칙
① 유아의 심미성과 감상 능력을 함양하기 위해 교수 환경은 창의적이고 예술적인 분위기를 수용해야 한다. 유아의 예술작품은 교실의 장식으로 사용될 수 있다.
② 기술과 지식의 습득보다 학습 과정에 초점을 맞춘 다각적인 활동에 유아가 즐거움을 느낄 것이므로 권장된다.
③ 교사는 유아의 창의력을 발달시키고 창의적 활동의 재미를 증진

시킬 수 있도록 유아가 탐색하고 시도해 보기 위한 다양한 감각, 특히 촉각과 대·소근육을 사용할 수 있게 격려해야 한다.

④ 교사는 유아가 주도적으로 학습하도록 안내해야 하고, 유아가 다양한 예술 활동을 선택하고 그들의 생활경험, 생각과 느낌을 표현할 충분한 시간과 자유를 주어야 한다.

⑤ 예술에 대한 지식을 넓히고 감상 능력을 함양하기 위해서 유아에게 다각적인 예술을 감상할 더 많은 기회가 제공되어야 한다.

(3) 평가영역

심미적 발달

① 음악, 춤, 그림, 드라마와 같은 예술 활동에 대한 관심을 보이고, 창작, 의사소통, 표현 매체로서 다양한 예술의 종류를 이용한다.

② 창의적인 활동을 할 때 여러 가지 재료와 기법을 사용한다.

③ 창작 과정에서 주위 환경의 관찰과 감상을 통해 만족감과 기쁨을 느낀다.

④ 다양한 문화와 형태의 예술작품을 감상하고 작품의 기본 요소를 알아본다.

⑤ 다른 사람들과 자료와 작업을 공유하며 함께 작업하고, 창작을 마치고, 마지막으로 성공을 축하하는 방법을 안다.

4. 결론

홍콩의 학제는 크게 세 부분으로 나누어지는데 유아교육, 초·중등 교육, 고등교육이다. 유아교육 부분은 3~6세를 위한 유치원 형태를 교 육부에서 제공하고 있으며 반일반, 종일반 등 다양한 형태로 서비스를 제공한다. 유아교육과정에 해당하는 2006년 개정 유아교육과정 지침서 가 2007년부터 전면 시행되고 있는데 이 지침서에서는 신체 발달, 인지 와 언어 발달, 정서와 사회성 발달, 심미적 발달이라는 네 가지 발달 목 표를 제시하고 있다. 이러한 목표는 여섯 가지 학습영역을 통해 성취되 는데 구체적인 학습영역은 첫째, 신체 운동과 건강, 둘째, 언어, 셋째, 초기 수학, 넷째, 과학과 테크놀로지, 다섯째, 자아와 사회, 여섯째, 예 술이다. 각 학습영역은 지식, 기술, 태도의 세 가지 핵심 요소를 포함하 고 있다. 홍콩의 유아음악교육과정은 예술영역 내에 포괄적으로 제시 하고 있고 음악적 요소나 구체적인 음악교육 내용은 제시되어 있지 않 다. 학습 목표는 예술을 즐기고, 표현하고, 감상하며 창의적 발달을 꾀 하는 내용으로 요약할 수 있다. 홍콩과 우리나라의 유아교육과정 내의 예술경험 영역은 유사한 형태를 보인다.

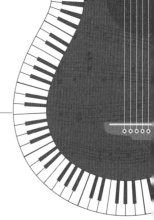

X 호주의 유아음악교육과정

1. 서론

오세아니아, 인도양과 남태평양 사이의 대륙에 위치한 호주는 연방 정부로 뉴사우스웨일스(New South Wales), 퀸즐랜드(Queensland), 사우스오스트레일리아(South Australia), 태즈메이니아(Tasmania), 빅토리아(Victoria), 웨스턴오스트레일리아(Western Australia)의 6개 주와 오스트레일리아 수도 준주(Australian Capital Territory), 노던 준주(Northern Territory)의 2개 자치령으로 구성되어 있다. 호주 유아교육 및 보육 질 관리국(Autralian Children's Education and Care Quality Authority)의 국가

수준 교육 · 보육체계(The National Quality Framework, NQF)에서는 호주의 13세까지 학생들이 생에서 가장 좋은 시작을 할 수 있도록 교육과 보육에 대한 높은 기준을 설정했다. 2012년에 소개된 국가수준 교육 · 보육체계(NQF)는 호주 전 지역 대부분의 유아교육 · 보육기관(종일제 보육, 가정 보육, 유아학교/유치원과 방과 후 과정)에 적용한다고 명시하고 있다. 호주의 8개 지역은 2012년 시행된 국가수준 교육 · 보육체계를 기본으로 하여 각 주에 적합한 자문 자료들을 제시하고 있다.

이 장에서는 호주 전역에 적용하도록 발표된 국가수준 교육 · 보육체계를 살펴보고, 빅토리아 주와 웨스턴오스트레일리아 주에 제시된 추가 자료들을 살펴보았다.

국가수준 교육 · 보육체계 개요*

질 높은 유아교육과 보육은 모든 유아의 미래를 형성하고 발달과 학습의 기초가 된다. 유아교육과 보육이 일생 동안 더 나은 건강과 교육 그리고 좋은 직장으로 인도한다는 것을 많은 연구가 보여 준다.

국가수준 교육표준(The National Quality Standard, NQS)은 국가수준 교육 · 보육체계의 중요한 측면이고 호주의 유아교육과 보육, 방과 후 과정 서비스의 국가표준을 설정한다. 유아의 교육적, 발달적 연령에 최상의 역량을 위해서 국가수준 교육표준(NQS)은 실질적으로 지속적인 향상을 촉진한다.

---

* http://education.gov.au/national-quality-framework-early-childhood-educa-tion-and-care

부모와 유아를 위한 주요 이점은 다음을 포함한다.

- 개선된 교사 대 유아 비율
- 유아를 위해 보다 큰 개별적 돌봄과 관심의 집중
- 교육자의 향상된 기량과 자질
- 유아의 학습과 발달을 위한 더 나은 지원
- 부모가 그들 지역에서 교육과 보육 서비스의 질을 평가하는 것을 돕기 위한 국가의 기록

많은 연구에 의해, 국가수준 교육표준(The National Quality Standard) 은 유아가 태어나면서부터 학습이 이루어진다는 것을 인정하는 국가수 준 교육·보육체계(The National Quality Framework)와 연결된다. 이는 유 아의 학습을 지원하고 촉진하는 실제의 요점을 보여 준다. 이것은 유아 기 학습체계(Belonging, Being and Becoming: The Early Years Learning Framework)와 학령기 돌봄체계(My Time, Our Place-Framework for School Age Care in Australia: Framework for School Age Care)로 제시된다.

이 중 생후 5세까지 유아의 학습을 지원하고 향상시키는 원칙과 실제 그리고 결과와 학교로의 전이를 제시하는 유아기 학습체계(Belonging, Being and Becoming: The Early Years Learning Framework)는 유아교육과 보육을 위한 국가수준 교육·보육체계로서, 호주 정부 의회의 유아교 육과 보육에 대한 개선안의 일부이다. 이것은 호주 정부의 국가수준 유 아 교육·보육체계(National Quality Framework for early childhood education and cared)의 핵심 요소이다. 유아기 학습체계 중 유아음악과 관련된 내용은 뒷부분에 상세하게 제시되어 있다.

호주 유아교육 및 보육 질 관리국(Australian Children's Education and

Care Quality Authority)은 규제 당국과 함께 각 주와 지역에서 국가수준 교육 · 보육체계(The National Quality Framework)를 감독하고 시행하는 국가 조직이다.

용어 정리

- 유아교육(Early childhood): 보육 서비스(Child Care Services)와 유치원(Kindergarten)을 포함하여 생후부터 초등학교 전인 5세까지 해당된다.
- 학교(school): 초등학교(Primary school), 중고등학교(Secondary school), Beyond school(학교 마지막 학년)로 제시하고 있다.
- 국가수준 교육 · 보육체계(The National Quality Framework, NQF): 호주의 13세까지 학생들이 생에서 가장 좋은 시작을 할 수 있도록 제시한 기준이다. 호주 전역에 적용되며, 국가수준 교육 · 보육체계를 바탕으로 각 주들은 주별 자문 자료를 제시하고 있다.
- 기초단계-10학년 교육과정(F-10 Curriculum): 호주 전역에 적용되는 교육과정으로 유치원에서 10학년까지의 교육과정을 제시하고 있으며 후기 중등과정의 경우 Senior Secondary Curriculum을 따로 제시하였다.
- 유아기 학습체계(Belonging, Being and Becoming: The Early Years Learning Framework for Australia): 0~5세 유아를 위한 교육 · 보육 과정이며 유아의 학습을 지원하고 촉진하기 위해 2009년 발표되었고 2012년부터 호주 전역에서 전면 시행되었다.
- 교수요목(Syllabus): 웨스턴오스트레일리아 주의 K-10 교수요목은 교육과정을 보충하는 자문 자료이다(advisory materials).

2. 호주의 학제 및 유아교육과정

호주의 의무교육 시기는 6~15세이며 유아교육기관은 취학 전 교육기관에 해당한다. 호주의 유치원은 3~5세 유아를 대상으로 오전 9시부터 오후 3시 정도까지 운영된다. 종일제와 반일제 중에서 선택할 수 있으며, 유치원 또는 예비초등학교(Pre-primary)로 불린다. 이는 지역 또는 유치원마다 운영 시간, 유아 연령 등이 다양하다.

표 16_ 호주의 학제

과정	학년	연령		학교
중등교육 (Secondary education)	11~13학년	16~18세	의무교육	고등학교 (Upper secondary school)
	8~10학년	13~15세		중학교 (Compulsory lower secondary school)
초등교육 (Elementary education)	1~7학년	6~12세		초등학교 (Primary school)
예비교육 (Full-time Preparatory education)	F (예비학년)	5세		예비초등학교
취학 전 교육 (Child Care Services, Kindergarten)		0~4세		유치원 (Kindergarten)

국가수준 교육표준(The National Quality Standard, NQS)은 국가수준 교육·보육체계(The National Quality Framework, NQF)의 중요한 측면이고 호주의 유아교육과 보육(early childhood education and care), 학교 이외

시간의 보육 서비스의 국가표준을 설정한다.

국가수준 교육표준(The National Quality Standard, NQS)은 국가 학습 체계와 관련되는데, 이것은 유아의 학습을 지원하고 촉진하는 실제의 윤곽을 보여 준다. 이 표준은 유아기와 학령기로 나누어 제시하고 있는 데 유아기에 해당하는 것이 0~5세 대상 유아기 학습체계(Belonging, Being and Becoming: The Early Years Learning Framework for Australia)이다.

2009년에 발표되고 2012년부터 호주 전역에서 전면 시행된 유아기 학습체계(Belonging, Being and Becoming: The Early Years Learning Framework for Australia)는 호주 최초의 유아교육을 위한 국가수준 유아 기 학습체계이다. 유아기 학습체계는 유아가 자신의 잠재 능력을 최대 화하고 미래의 학습에서 성공을 위한 토대를 개발할 수 있는 기회를 제 공하기 위해 호주 정부 의회에서 개발했다. 유아기 학습체계의 목적은 0~5세 및 초등학교로의 전이기에 이르기까지 유아의 학습을 확장하고 풍부하게 하는 것이다. 즉, 유아교육자들이 유아에게 자신의 잠재 능력 을 최대화하고 미래 학습에서의 성공을 위한 토대를 개발할 수 있는 기 회를 제공하는 것을 돕기 위해 개발했다.

이 문서는 유아의 학습을 위한 비전과 유아교육의 원칙, 실행 그리고 다섯 가지 학습의 결과 등으로 내용이 구성되어 있다. 그러나 음악이나 미술, 예술 같은 분과적인 교육과정 목표나 내용은 제시되어 있지 않아 전체 내용의 번역은 생략하였다.

유아음악교육과 관련하여 유아기 학습체계 문서 외에 호주 교육과정 평가 보도국(Autralian Curriculum, Assessment and Reporting Authority, ACARA)에서 제시한 기초단계부터 10학년까지의 교육과정(F-10 Curric- ulum)에서 음악 관련 내용을 찾을 수 있다. 따라서 호주의 유아음악교육과정을 소개하기 위해 기초단계부터 10학년까지의 교육과정 중 유아기(F)에 해당하는 유아교육과정 내용을 발췌 · 번역하여 제시하였다. 기초단계부터 10학년까지의 교육과정은 2014년부터 호주의 모든 주와 준주에서 시행되고 있다. 여기에는 21세기 학습을 지원하는 학습영역, 일반적 능력 그리고 교육과정 전반에 관련된 우선 사항이 포함된다.

구체적인 학습영역과 학년수준(Year Level)의 구성은 다음 절에 제시하였다.

호주 역시 영국이나 미국 등과 같이 지방정부의 교육청에서 교육과정을 제시하고 있다. 지방정부의 음악교육과정 운영을 살펴보기 위해 빅토리아 주와 웨스턴오스트레일리아 주의 음악교육과정을 수록하였다.

3. 호주의 유아음악교육과정

1) 호주 교육과정*

호주 교육과정은 호주의 유아 개개인을 위한 학습 권리를 서술한다. 여기에는 어린이에게 무엇을 가르쳐야 하는지(일반적 능력과 교육과정 전반에 관련된 우선 사항과 학습영역으로부터 교육과정 내용의 세부 사항을 통해) 그리고 그들의 학습의 질에 대한 기대(기술된 성취 기준을 통한 이해의 깊이와 기술의 정교함)가 기술되어 있다. 호주 교육과정의 학습영역은 호주 교육과정 평가 보도국의 세 단계에 의해 작성되었고, 2013년 말 모

---

* http://www.australiancurriculum.edu.au

든 학습영역이 완성되었으며 2014년부터 호주의 모든 주와 준주에서 시행되고 있다. 여기에는 21세기 학습을 지원하는 학습영역, 일반적 능력 그리고 교육과정 전반에 관련된 우선 사항이 포함된다.

호주 교육과정은 학교교육을 통해 시간의 흐름에 따라 모든 호주 학생이 학습해야 하는 것에 대한 일관성 있는 높은 기준을 설정한다.

호주 교육과정은 학생이 무엇을 배우고 교사가 무엇을 가르칠 것인지에 대해 서술한 학습영역의 내용과 성취 기준에 초점을 맞춘다. 그리고 호주 교육과정은 21세기 삶과 직업에 중요한 일곱 가지 일반적 능력과 지금까지의 교육과정보다 더 많은 관심을 요하는 멜버른 선언*에서 인정된 세 가지 이슈**에 주목한다. 이러한 일반적 능력과 학교 교육과정 전반에 관련된 우선 사항(cross-curriculum priority)은 추가 과목으로 첨가되지 않는다. 이는 만들어진 교육과정의 학습영역 내용을 통해 다루어진다.

• 학습영역

학습영역	과목
영어	영어
수학	수학
과학	과학

---

* 멜버른 선언(Melbourne Declaration on Educational Goals for Young Australians)은 2008년 12월에 발표된 모든 호주 아동을 위한 교육적 목표 선언서로 호주 학교교육은 평등과 수월성을 추구한다는 목표를 가지고 있다.

** 세 가지 이슈는 모든 호주 학생들이 첫째, 성공적인 학습자, 둘째, 자신감 있고 창조적인 개인, 셋째, 능동적이고 교양 있는 시민이 되어야 한다는 것이다.

인문학과 사회과학	역사
	지리학
	경제와 상업
	공민학과 시민권
예술	춤
	드라마
	미디어 아트
	음악
	시각예술
테크놀로지	디자인과 테크놀로지
	디지털 테크놀로지
건강(보건)과 체육	건강(보건)과 체육
언어	중국어(세 가지 진로, three pathways), 이탈리아어, 인도네시아어, 프랑스어
	아랍어, 독일어, 일본어, 한국어, 근대 그리스어, 스페인어, 베트남어
	호주 원주민 언어와 토러스 해협 섬사람 언어의 체계
직업 연구	직업 연구 9~10학년

개요

기초단계부터 10학년까지의 교육과정 중 예술영역은 5개의 하위 내용영역으로 구성된다.

- 춤
- 드라마

- 미디어 아트
- 음악
- 시각예술

각각의 영역은 그 자체의 실제, 전문용어 그리고 세상을 보는 독특한 방식에 초점을 둔다.

음악에서 유아들은 다양한 범위의 양식, 전통 그리고 맥락의 음악을 듣고, 작곡하고, 연주한다. 유아는 시간과 공간에서 소리를 창작하고 만들고 공유한다. 그리고 음악을 비평적으로 분석한다. 음악 실행은 청각에 기초하고 음악과 음악가에 대한 지식, 이해, 기술을 습득하고 사용하는 것에 초점을 둔다.

내용 구조

호주 교육과정: 예술은 5개의 예술 과목—춤, 드라마, 미디어 아트, 음악, 시각예술— 각각을 학년수준에 걸쳐 다룬다. 학년대 수준은 아래와 같이 구성된다.

- 기초(Foundation)~2학년
- 3~4학년
- 5~6학년
- 7~8학년
- 9~10학년

교육과정은 모든 유아가 기초단계(F)부터 초등학교를 마칠 때까지 5개의 예술 과목을 공부할 것이라는 추정에 기초한다. 학교는 이것이 어떻게 일어날 것인지 결정할 최적의 장소가 될 것이다. 중학교 1학년 (7 또는 8학년)부터 학생들은 1개나 그 이상의 예술 과목을 심도 있게 경험할 기회를 가질 것이다. 9~10학년에 학생은 1개나 그 이상의 예술 과목을 전공할 수 있을 것이다. 제공되는 과목은 주나 지역의 학교 당국이나 개별 학교에 의해 결정된다. F~2학년은 보통 5~8세에 해당하며 유아기가 해당되는 F~2학년대의 예술영역 중심으로 살펴본다.

2) 예술영역

예술영역은 호주의 어린이 모두 주요한 예술 종류에 완전히 참여하고 각각의 특별한 기초 지식과 기술에 대해 균형 있고 튼튼한 기초를 형성할 자격이 있다는 원칙에 근거한다.

교육과정의 학년대 서술(band description)을 보완하기 위해서 다음과 같은 조언은 학년 그룹 전체에 걸쳐 학습자와 교육과정의 본질을 서술한다.

F-10 교육과정 내의 예술영역은 춤, 드라마, 미디어 아트, 음악, 시각예술의 5개 하위 내용으로 구성되며 그중 '음악' 부분을 발췌하여 제시하였다. 이 부분은 근거, 목표, 음악 학습, 음악의 지식과 기술, 음악 유형, 자료 등을 제시한 후 F~2학년에 해당하는 음악 학습 내용 서술과 성취 기준이 제시되어 있다.

- **음악**
  근거
  이것은 예술영역에 대한 근거를 보완하고 확장한다.

음악은 독특하게 청각적 예술 형식이다. 음악의 본질은 추상적이다. 음악은 선택되고 형성된 기존의 소리, 작곡가와 연주자에 의해 창작된 새로운 소리, 시간과 공간에 배치된 소리들을 모두 포함한다.

음악은 모든 문화에 특징적으로 존재하며 인간 경험의 기본적 표현이다. 음악에 대한 학생의 적극적인 참여는 다른 시간, 공간, 문화 그리고 맥락의 이해를 발전시킨다. 지속적이고 순차적인 음악 학습을 통해 학생은 증대하는 깊이와 복잡성과 더불어 듣고 작곡하고 연주한다. 음악에 대한 목적을 가진 연주하기, 작곡하기, 듣기를 통해 학생은 다른 방법으로 얻을 수 없는 지식, 기술 그리고 이해에 접근한다. 음악 학습은 청각에 기반을 두고, 기보법에 의지하지 않고서도 이해될 수 있다. 전통적으로 악보를 읽고 쓰기 위한 학습과 그림 형태는 학생이 독립적인 학습자로서 폭넓은 음악에 접근할 수 있게 한다.

음악은 모든 학생을 사로잡고 고무하며 풍요롭게 만드는 능력이 있고 상상력을 자극하며 학생들이 창의적이고 표현적인 잠재력에 도달하도록 격려한다. 기량과 기술(테크닉)은 학생이 청중, 작곡가, 연주자로서 소리를 다루고 표현하고 공유하는 것을 허용하는 음악 학습에의 참여로 발달될 수 있다. 음악 학습은 학생의 인지적, 정서적, 운동적, 사회적, 개인적 역량에 의미 있는 영향을 준다.

독립적인 학습자로서 학생은 듣기, 연주하기, 작곡 활동을 통합한다. 순차적으로 개발된 이러한 활동은 음악을 인지하고 이해하는 학습자의 능력을 향상시킨다. 음악 학습을 통해 진전하는 동안 학생들은 가치를 학습하고 개인의 마음, 정신, 영혼을 탈바꿈시키는 음악의 힘을 감상하며 가치를 배운다. 이렇게 하여 학생의 심미적 감상과 음악의 즐거움을 발달시킨다.

목표

호주 교육과정의 주요 목표에 더하여 예술, 음악 지식, 이해와 기술은 개별적으로 그리고 협력적으로 학생의 다음과 같은 발달을 보장한다.

- 창의적인, 독창적인, 사려 깊은, 능숙한 그리고 알려진 음악가가 될 자신감
- 의도와 목적을 가지고 작곡하고 연주하고 즉흥 연주하고 반응하고 듣기 위한 기술
- 전 세계적 공동체, 문화, 음악적 전통을 아우르는 심미적 지식과 존중 그리고 실제
- 독립적 음악 학습자가 되기 위한 기량을 습득하는 동안 청각예술 형식으로서 음악의 이해

음악 학습(Learning in Music)

음악을 배우는 학생들은 음악을 감상하고 연주하고 작곡한다. 그들은 리듬, 고저, 셈여림과 표현, 형식과 구조, 음색과 조직(texture)으로 구성된 음악의 요소에 대해 배운다. 청각적 기술 또는 청음 훈련은 학생들이 음악 요소를 인식하고 이해하기 위해 발달시키는 특정한 듣기 기술이다. 청각적 기술의 발달은 듣고, 작곡하고, 연주하는 동안 다양한 음악을 만들고 반응하기 위해 필수적이다. 음악을 통한 학습은 지속적이고 순차적인 과정이며, 증가하는 깊이와 복잡성을 가진 지식과 기술을 습득하고 발전시키고 재방문할 수 있다.

음악 만들기는 적극적 듣기, 모방하기, 즉흥 연주하기, 작곡하기, 편곡하기, 지휘하기, 노래하기, 연주하기, 비교하기와 대조하기, 개선하기, 해석하기, 녹음하기와 기보하기, 실행하기, 연습하기(리허설), 보여

주기와 공연하기를 포함한다.

음악에 반응하기는 학생이 청중 구성원이 되어 자신과 다른 사람의 음악작품을 듣기, 즐기기, 반영하기, 분석하기, 감상하기와 평가하기를 포함한다.

만들기와 ***반응하기***는 모두 듣기, 연주하기, 작곡하기 경험을 통한 음악 요소의 청각적 이해 발달을 포함한다. 음악 요소는 함께 작용하고 모든 음악 활동을 뒷받침한다. 학생들은 목소리, 신체, 악기, 발견된 소리 자원 그리고 정보통신 기술을 이용해 음악 만드는 것을 배운다. 음악은 독특한 상징체계에 의한 표기법(기보)으로 그리고 과학 기술을 이용한 오디오 녹음으로 기록되고 소통한다. 증가하는 음악 요소의 경험과 함께 학생들은 분석력과 심미적 이해를 발달시킨다.

음악의 지식과 기술

음악에서 학생의 음악 요소, 음악적 관습, 양식과 형식 탐구와 이해는 음악에 대한 그들의 지속적인 활동 참여를 확장시킨다.

다양한 양식, 실제, 전통과 맥락의 음악 듣기, 연주하기와 작곡하기에서 학생들도 자신의 주관적인 선호를 인식하는 것을 배우고, 음악의 다양한 관점을 고려한다. 이것은 학생들이 연주자로서 음악을 해석하는 방식과 그들이 들은 음악에 어떻게 반응하는지를 알려 준다. 게다가 학생들은 작곡가로서 자신의 음악적 목소리와 음악가로서 자신의 스타일을 발달시킨다.

다음의 내용은 음악에서 학생들이 발달시킬 필요가 있는 지식과 기술을 요약한 것이다.

지식

음악의 요소

음악은 음악의 요소와 관련하여 발달하는 기술과 지식을 통해 학습된다. 음악적 아이디어는 리듬, 음높이, 셈여림과 표현, 형식과 구조, 음색과 조직(texture)의 측면과 이러한 요소들의 결합에 의해 고안되고 조직되고 형성된다.

관점

*만들기*와 *반응하기* 모두에서 학생들은 서로 다른 관점에서 발생될 수 있는 의미와 다른 세계와의 만남을 통한 변화를 학습할 수 있다. 작곡가, 연주자, 청중으로서 학생이 음악을 만들고 조사하고 비평할 때, 그들은 작곡가와 연주자의 의미와 청중의 해석에 대한 정보를 얻고 탐구하고 조사하기 위해서 질문하고 대답할지도 모른다. 의미와 해석은 사회, 문화, 역사 그리고 요소, 자료, 기술, 과정이 어떻게 사용되었는지에 대한 이해로 알려진다. 이러한 질문은 그들 자신의 음악과 음악가로서 그들이 해석하고 청중으로서 들은 음악에 대한 정보에 근거한 비판적 판단을 하기 위한 기준을 제공한다. 이와 같은 질문의 복잡성과 정교함은 기초단계부터 10학년을 거쳐 변화할 것이다. 학년이 끝날 때 학생들은 철학, 이념, 비판적 이론, 제도와 심리학에 대한 작곡가, 연주가, 청중의 흥미와 관심사를 고려할 것이다.

음악 유형

각 학년대에 학생들은 다양한 역사적, 문화적 맥락의 음악 양식과 장르를 만들고 반응하는 동안 점점 더 복잡한 음악의 형식에 대해 학습한다. 이는 다른 유형의 노래와 기악곡 장르, 영화와 매체 속의 음악, 당대의 그리고 새로운 음악 동향, 다양한 문화, 전통, 시간의 민요와 예술음악을 포함할 것이다.

학생들은 자신의 삶과 지역사회에서 경험한 음악으로 시작하고 음악의 목적을 인식한다. 그들은 역사, 호주, 호주 원주민과 토러스 해협 섬사람들의 문화, 아시아와 다른 세계의 문화를 포함한 다른 장소와 시간의 음악 전통과 관습에 의지한다.

기술, 기법과 과정

만들고 반응할 때, 학생의 음악적 기량은 음악의 기술과 과정이 통합된 활동(듣기, 작곡하기, 공연하기)을 통해 최고로 발달된다. *듣기*는 음악이 경험되고 학습되는 것을 통한 과정이다. 이것은 다양한 레퍼토리 듣기, 분석하기, 비교하기를 포함한다.

음악적 개념 구별하기, 식별하기, 해석하기와 적용하기를 위한 기법으로써 청각적 기술을 발달시키는 것(청각 훈련)은 모든 듣기, 작곡과 공연 활동에 필수적이다.

*작곡하기*는 독창적인 음악 창작하기에 대한 광범위한 용어이다. 학급에서 작곡하기는 개별적으로나 협력적으로 즉흥 연주하기, 음악적 아이디어 조직하기, 반주 패턴 창작하기, 독창적인 작품 편곡하기 및 작곡하기를 포함한다.

*공연하기*는 개인으로나 합주단 멤버로서 악기 연주하기, 노래하기나 테크놀로지를 사용하여 소리 조작하기를 포함한다. 공연하기는 노래, 기악곡, 반주, 자신과 다른 사람이 작곡한 작품 배우기를 포함한다.

이러한 학습경험은 음악적 아이디어를 기록하고 전달하기 위해 기보법 배우기와 창작하기를 포함한 추가적 활동에 의해 지원된다. 다양한 전문용어, 기보법과 악보 읽기, 쓰기와 해석하기 그리고 그들 자신의 음악과 다른 사람의 음악에 대해 토론하기 위한 기술과 기법 발달시키기 등이다.

자료

초기의 음악 자료는 목소리와 신체, 악기와 다른 소리 자원이다. 추가적인 자료는 녹음된 음악과 악보, 녹음과 재생 장비와 소프트웨어와 같은 테크놀로지 그리고 창작, 연습, 연주를 위한 공간이다.

기초단계부터 2학년(Foundation to Year 2)

F~2학년에서 유아들은 음악을 탐색한다. 그들은 소리를 듣고 탐색하고, 음악이 어떻게 세상을 표현할 수 있는지와 세상에 대한 그들의 생각을 표현하기 위해 음악을 만들 수 있는 것에 대해 학습한다. 그들은 자신의 음악을 또래와 공유하고 청중으로서 음악을 경험한다.

F~2학년에서 음악 학습은 유아기 학습체계(Early Years Learning Framework)를 기반으로 한다. 유아들은 구조적인 활동에서의 목적이 있는 놀이, 강한 행복감 조성하기를 통해 음악 학습에 참여하며, 세상과의 관계를 통해서 그리고 세상에 대한 기여를 발전시키면서 참여하고 있다.

유아들은 음악을 탐색하고 만드는 동안 음악 듣기를 학습하고 리듬, 음높이, 셈여림과 표현, 형식과 구조, 음색과 조직을 지각하게 된다. 유아들은 소리와 고요(침묵), 크고 작은 소리를 구별하는 것을 학습한다. 또한 유아들은 박과 빠르기에 따라 움직이고 연주하는 것을 학습하게 된다.

기초단계(F학년)에 유아들은 그들의 발달수준에 적절한 음악을 하기 시작한다.

　음악을 경험하는 동안 유아들은 다양한 문화, 시간, 장소의 음악에 끌린다. 그들은 호주 원주민과 토러스 해협의 섬사람들 그리고 아시아 지역 사람들의 음악과 그 영향을 탐색한다. 학습에서 지역사회의 음악이 초기의 중심이 되어야 하지만, 어린 유아들은 더 먼 곳의 음악을 알고 관심을 가질 수 있으며 교육과정은 이러한 호기심을 기반으로 한 기회를 제공한다. 유아들은 노래와 음악이 다양한 목적으로 호주 원주민과 토러스 해협의 섬사람들에 의해 이용될 수 있다는 것을 학습할 것이다.

　음악을 만들고 음악에 반응하는 동안 유아들은 음악의 의미와 해석, 형식과 요소와 사회 문화적 맥락을 탐구한다. 그들은 자신이 좋아하는 것과 이유를 표현하는 간단한 음악 평가를 한다.

　유아들은 악기를 이용할 때 그리고 다른 사람과 상호작용하는 동안의 안전에 대해 학습한다. 그들은 예술가의 역할을 경험하고 자신의 음악 만들기에 대한 피드백에 반응한다. 청중으로서 유아들은 연주에 주의 집중하기와 연주가 끝난 뒤 반응하는 것을 배운다.

기초단계부터 2학년 내용 서술(Foundation to Year 2 Content Descriptions)

내용	행동 지침
목소리, 움직임과 신체 타악기 이용해 소리, 음높이와 리듬 패턴을 탐색하고 모방하여 청각 기술 발달시키기	• 곡조에 맞춰 노래하도록 음높이 맞추기. 말하는 목소리와 노래하는 목소리의 차이를 알아보기 위해 실험하기 • 청지각 능력을 발달시키기 위해 음높이와 리듬 패턴 모방하기. 예를 들어 손뼉 따라 치기, 묻고 답하는 노래하기 • 같고 다름을 식별하는 음악의 요소를 탐색하기 위

	해 목소리와 신체 타악기 사용하기. 예를 들어 소리와 고요(침묵), 빠른과 느린, 긴과 짧은, 높은과 낮은, 큰과 작은, 행복한과 슬픈 소리 등 • 테크놀로지와 그림 악보를 이용하여 음악 아이디어 기록하기
즉흥 연주, 찬트와 노래 그리고 라임의 레퍼토리를 연습하기 위해 노래하고 악기 연주하기	• 음악 연습하기와 연주하기, 기보법, 새로 고안해 내거나 학습한 상징 • 노래 부르기와 학급 악기를 연주하기 위한 기법 연습하기 • 그들의 목소리와 악기의 표현적 가능성을 탐색하기 위해 노래 부르기와 음악 연주하기 • 관점 고려하기 – 의미와 해석: 예를 들어 이 음악은 당신이 무엇에 대해 생각하게 했고 왜 그렇습니까? • 이용할 수 있는 테크놀로지를 사용하여 음악 연습하기와 연주하기 • 호주 원주민의 노래나 토러스 해협 섬사람들의 노래처럼 지역사회에서 집단에 의해 이용되는 음악 배우기, 문화적 관습(의례) 존중하기
청중과 아이디어를 소통하기 위해 작품 창작하기 그리고 연주하기	• 작품을 창작하기 위해 소리 선택하고 결합시키기. 예를 들어 음높이와 리듬 패턴 결합시키기 • 관점 고려하기 – 형태와 요소: 예를 들어 내 작품에 어떤 소리 또는 음악의 악구가 있습니까? 그 소리가 어떻게 만들어졌습니까? • 손뼉 치기나 발 구르기와 같은 신체 움직임 패턴을 즉흥적으로 하기 그리고 익숙한 노래에 맞춰 반주 창작하기 • 움직임, 생각, 느낌을 표현하기 위해 목소리와 음원으로 즉흥 연주하기 • 다른 사람들이 악보를 읽고 녹음을 들을 수 있도록 기보법과 테크놀로지를 이용하여 음악 녹음하기 • 테크놀로지를 이용하여 음악 창작하기 그리고 즉흥 연주하기

호주 원주민과 토러 스 해협 섬사람들의 음악을 포함한 호주 음악에서 시작하여 음악에 반응하고 사 람들이 어디에서 그 리고 왜 음악을 만 들었는지 고려하기	• 그들의 삶과 지역사회에서 음악을 경험했을지도 모르는 곳 알아보기. 예를 들어 어떻게 음악을 지속시키고 문화적 지식을 전달하는지 고려하기 • 관점 고려하기 – 사회와 문화: 예를 들어 이 음악이 어디에서 왔고 왜 만들어졌는가? • 적극적인 연주자와 반영적인 청중의 역할 알아보기 • 연주자 그리고 청중 구성원으로서 다양한 문화의 음악에 대한 건설적인 관찰 공유하기 • 자신의 말과 학습한 음악 용어를 사용하여 음악작품의 형태, 패턴, 유형과 분위기 묘사하기

기초단계부터 2학년 성취 기준(Foundation to Year 2 Achievement Standard)

2학년 말경에 유아들은 그들이 듣고 만들고 연주한 음악 그리고 사람들이 어디에서, 왜 음악을 만들었는지에 대해 의사소통한다.

유아들은 음악을 즉흥 연주하고, 작곡하고, 편곡하고, 연주한다. 그들은 노래하고 연주할 때 곡조에 맞춰 유지하기와 박자 맞추기로 청각 기술을 나타낸다.

F~2학년 음악에서 지식과 기술의 예

이 시기 유아들은 음악에서 그리고 음악을 통해 아이디어와 의도가 소통되는 방법에 대한 기초가 소개된다. 그들은 다음의 내용에 초점을 맞춘 음악 실제를 통해 지식, 이해, 기술을 발달시킨다.

음악 요소
- 리듬
  - 소리/고요(침묵), 긴/짧은, 빠른/느린, 박과 리듬, 쉼표, 오스티

나토, 빠르기, 4분 음표, 4분 쉼표, 짝을 이룬 8분 음표, 2박자
와 3박자의 경험

- 음높이
  - 높은/낮은, 음높이 방향(올라가는 또는 내려가는), 음높이 맞추
    기, 단선율
  - 셈여림과 표현
  - 포르테(f)와 피아노(p)

- 형식
  - 같은/다른, 패턴, 반복, 따라 하기, 도입부, 악절, 후렴구, 돌림
    노래

- 음색
  - 모든 목소리와 악기는 서로 구별되는 고유한 소리를 가진다.
  - 치기, 불기, 튕기기, 흔들기를 포함하여 소리가 어떻게 만들어
    지는가?

- 조직(texture)
  - 단선율, 선율과 반주, 돌림노래, 저음부

기술(청각적 기술을 포함하여)
- 소리와 고요(침묵) 구별하기
- 박과 빠르기의 이해와 함께(박과 빠르기를 이해하여) 움직이기와 연
  주하기

- 노래하는 목소리와 말하는 목소리 간의 차이 보여 주기
- 크고 작은, 길고 짧은, 높고 낮은 구별하기
- 익숙한 악기의 음색 인식하기(알아보기)
- 음악 학습을 위한 도구로 테크놀로지 이용하기
- 학급 악기를 안전하고 올바르게 쥐고 연주하기
- 그룹으로 음악 만들기에서 순서 지키기를 이해하기
- 곡조에 맞춰 연주하기

4. 웨스턴오스트레일리아 주의 유아음악교육과정

웨스턴오스트레일리아 주의 유치원 프로그램은 매년 6월 30일을 기준으로 4세가 되는 유아가 다닐 수 있는데, 주 4일 반일반을 제공한다. 준 1학년 프로그램(Pre-primary program)은 5세 유아 대상이며 주 5일 종일반으로 운영된다. 1~3학년은 의무교육이다.

■ K-10 교수요목*

이 교수요목 지침서는 학습 내용과 접근법으로 교수학습 방법과 평가 방법을 명확히 한다. 이것은 호주 교육과정 체계를 구체화한 것이다. 호주 교육과정을 기본으로 하여 K-10 교수요목은 웨스턴오스트레일리아 주에서 추가된 자료이다.

---

* http://det.wa.edu.au/curriculumsupport/k10syllabus/detcms/navigation/the-arts/

K-10 교수요목은 자문 자료이다. 이는 유치원부터 10학년까지 각 학년의 발달 단계 내용을 상세히 열거한다. 예를 들어 각 음악 개념이나 활동 내용에 대해 K/P부터 10학년까지 각 학년별로 연계되고 심화되는 것을 나선형으로 표시하여 제시하고 있다. 또한 유아기(K~3학년), 아동기(4~7학년), 청소년기(8~10학년) 학습영역으로 제공된다. 학년(year)수준의 내용 구성은 권고 사항이다. 이 자료를 사용할 때 교사들은 유아의 이전 학습과 성취에 기초해 언제 내용을 소개할지에 대한 전문적 판단을 지속적으로 할 것이다.

웨스턴오스트레일리아 주에서 제시한 교육과정은 예술, 영어, 건강과 신체 교육, 언어, 수학, 과학과 환경(인간과 사회과학), 테크놀로지와 기업으로 구성되어 있으며, 이 중 예술은 춤, 드라마, 미디어, 음악, 시각예술로 구성되어 있다.

(1) 개요

구체적인 내용은 〈표 17〉과 같다. 〈표 17〉은 웨스턴오스트레일리아 주의 K-10 교수요목 중 유치원 학년에 해당하는 예술영역 부분을 발췌·번역하여 제시하였다. 교수요목 중 개요 부분은 유치원과 1학년의 연계성을 강조하고 있어서 유치원(K/P)과 1학년(Year 1)을 함께 제시하였고, 개요를 제외한 나머지 부분은 유치원(K/P)에 해당하는 부분을 발췌하여 제시하였다.

표 17_ 웨스턴오스트레일리아 주 K-3 교수요목 예술영역 중 음악영역

K-10 개요: 예술/음악		
예술 실제와 예술 이해의 내용은 유아의 발달 단계와 이전 경험에 적절한 학습에 대한 맥락을 이용하여 함께 다루어질 필요가 있다. 음악 교수는 동일한 개념, 과정, 전략이 유아가 발달하는 동안 점점 더 복잡한 방식으로 다루어지는 나선형 모형을 따른다.		

개념과 과정의 개요(Overview of concepts and processes)		
	5세 및 5세 미만(K/P)	1학년(Year 1)
음악 요소: 음길이(Duration)	• 소리/고요(침묵)(sound/silence) • 박(beat) • 리듬(rhythm)	• 긴/짧은(long/short) • 박과 리듬 간의 차이 경험하기 • 한 마디 안에서 l ▯ Z 인식
음악 요소: 음높이(Pitch)	• 노래하기와 말하기를 구별하기	• 높은/낮은(high/low) • 폭넓은 음정(wide intervals) 이용하여 올라가기/내려가기
음악 요소: 셈여림(Dynamics)	• 큰/작은(loud/soft)	• 매우 큰/매우 작은 (very loud/very soft)
음악 요소: 빠르기(Tempo)	• 빠른/느린(fast/slow)	• 매우 빠른/매우 느린 (very fast/very slow)
음악 요소: 조직(Texture)	• 동시에 한 가지 이상의 연주나 노래할 수 있는 것	• 간단한 리드미컬한 오스티나토(2부분-1소절)
음악 요소: 형식(Form)	• 따라서 소리 내기	• 묻고 답하기
음악 요소: 음색(Timbre)	• 물건과 악기 이용하여 소리 만들기를 탐색하기	• 조율할 수 없는 그리고 조율 가능한 타악기 탐색하기

음악 요소: 화음(Harmony)	—	—
음악 기보법과 관습(Music Notations and Conventions)	• 교사가 지시하는 소리 따라 하기	• 소리 형태의 그림 기보법 따라 하기
음악 탐색하기와 감상하기	• 환경의 소리 식별하는 법(환경의 소리를 어떻게 식별하는가)	• 유사한 또는 다른 소리를 식별하는 법
리듬 탐색하기 (Exploring Rhythm)	• 노래하기, 움직이기 또는 연주하기	• 긴 또는 짧은 소리의 식별
음악 탐색하기 (Exploring Music)	• 선율의 형태에 따라 움직이고, 노래하거나 연주하는 법	• 들리는 소리에 따라 소리 형태 그리기
음악 창작하기 (Creating Music)	• 노래 부르기, 움직이기 또는 연주하기로 짧은 패턴을 즉흥 연주하거나 모방하는 법	• 노래 부르기, 움직이기 또는 연주하기로 보다 긴 패턴을 즉흥 연주하거나 모방하는 법
음악 해석하기 (Interpreting)	• 알려진 음악 연주하는 방식	• 알려진 음악 연주하면서 탐색하는 방식
음악 연주하기 (Performing Music)	• 청중 행동 관습	• 연주자 행동 관례
음악에서의 테크놀로지(Technologies in Music)	• 안전하게 전자기기 이용하기	• 안전하게 전자기기 이용하기
맥락에서의 음악 (Music in context)	• 그들 주변의 음악 인식하기 • 그들이 음악을 창작하기 위해 사용한 자원 식별하기	• 그들 주변의 음악 인식하기

(2) 예술 아이디어, 예술 기술과 과정(Arts Ideas, Arts Skills and Processes)

학년(year)수준의 내용 구성은 권고 사항이다. 교사는 유아의 이전 학습과 성취에 기초하여 내용을 언제 시작할지에 대한 전문적 판단을 지속할 것이다.

• **교육과정 결과에서 국가적 일관성, 학습의 진술**

유아기: 예술/음악/예술 실제(Early childhood: The Arts/Music/Arts Practice)

예술 아이디어(Arts Ideas): 학생들은 아이디어를 전달하는 예술작품을 만들어 낸다.
예술 기술과 과정: 학생들은 예술의 기술, 기법, 과정, 관습과 테크놀로지를 이용한다.

예술 실제와 예술 이해의 내용은 유아의 발달 단계와 이전 경험에 적절한 학습에 대한 맥락을 이용하여 함께 다루어질 필요가 있다. 음악에서 예술 실제는 음악의 요소, 기술, 기법, 과정, 관습과 테크놀로지를 이용한 음악작품의 발전, 창작, 공연을 통한 아이디어와 느낌의 탐구와 소통을 포함한다.

음악 교수는 동일한 개념, 과정, 전략이 유아가 발달하는 동안 점점 더 복잡한 방식으로 다루어지는 나선형 모형을 따른다. 경우에 따라 한 단계에서 다음 단계로의 진전은 더 복잡한 교수와 학습 맥락으로서 더 복잡한 음악 관습의 이용으로 가능해진다. 다른 경우로, 교수 내용은 매년 연결된 화살표로 명시되었듯이 동일한 것이다. 그리고 진전은 실제에서의 보다 큰 숙달과 이해의 깊이를 통해 이루어진다.

음악영역과 순서 진술의 내용은 학년수준으로 표현된다. 유아기 초기에 음악 학습의 많은 부분은 가르쳐지는 것보다 자발적이고 직접적인 놀이를 통해 이루어진다. 경험의 부족 때문에 유아의 준비도가 현재 학년수준에 맞지 않을 때 교사는 이전 수준의 내용을 참고할 수 있다.

예술 기술과 과정: 기술, 기법, 과정, 관습과 테크놀로지
예술 아이디어: 창작하기, 탐색하기와 발전시키기

	5세 및 5세 미만(K/P)
음악 요소: 음길이(Duration)	• 소리와 고요(침묵) 간의 차이 • 박(beat)이라는 단어 사용 – 규칙적인 박자(metre)(예: 시계가 똑딱거리는 소리, 심장 박동) • 박과 리듬 또는 박동(pulse)에서 음길이를 구별하는 법(예: 박과 리듬에 맞춰 율동과 움직임, 박과 박자를 식별하기 위해 손뼉 치기 이용/손뼉 치기) • 길고 짧은 소리(예: 음악 기호에 반응하여 길고 짧은 소리 연주하기) • 4분음표(ta)와 8분음표(ti ti)를 나타내기 위한 상징적 표현 ᵢᅲ • 아는(알려진) 노래의 리듬 손뼉 치기 • 손뼉으로 친 아는(알려진) 노래의 리듬 인식하기
음악 요소: 음높이(Pitch)	• 말하기와 다른 노래 부르기 방식(예: 질문을 노래하기, 말에 답하기) • 제한된 음역으로 노래하기(예: 솔–미 노래) • 음높이 음원(예: 새 소리, 동물), 음높이 사진 자료(예: 높고 낮은 소리가 나는 물체의 사진) • 더 높고 낮은 소리를 식별하고 나타내는 방식(예: 특정한 음높이를 다시 소리 내기, 노래 따라 하기) • 높고 낮은 소리와 중간의 다양한 소리를 만들기 위해 목소리 이용하기(예: 하품하기, 꽥 소리 내기, 동물 소리) • 타악기의 제한된 음높이를 이용해 오스티나토 패턴 연주하기(예: 나란히 있는 음 연주하기) • 음악 상징(기호)과 소리 간의 관련성(예: 손으로 음높이의 움직임 따라 하고 높은, 낮은, 중간 목소리 사용하기)
음악 요소: 셈여림(Dynamics)	• 작은(p)과 큰(f) 간의 차이 • 표현을 더하기 위해 크고 작은(셈여림)을 이용하는 방식(예: 자장가 부를 때 작은 목소리 이용하기)

음악 요소: 빠르기(Tempo)	• 빠르고 느림과 걷는 속도 간의 차이 그리고 각각의 적절한 이용(교실에서 걷기) • 박자에 맞춰 연주하기 위해 손뼉 치거나 신체 타악기 이용하는 방법 • 연주에서 빠르기를 조절하기 위한 전략(예: 박을 가볍게 두드리기)
음악 요소: 조직(Texture)	• 들리는 둘 또는 그 이상의 소리로 동시에 조직을 창작하기(예: 학급 유아의 절반은 자신의 발로 박을 유지하고 나머지는 여기에 찬트하기) • 조직은 간단한 노래로 창작될 수 있다(동물 소리 노래와 알아 왔던 노래).
음악 요소: 음색(Timbre)	• 음악적 소리로 음색을 창작하는 방법(예: 자연 또는 산업 환경에서 찾아낸 소리) • 다른 소리를 만들어 낼 수 있는 목소리(예: 말하기, 노래 부르기) • 연주되는 방법에 따라 다른 소리를 만들 수 있는 악기(메탈로폰의 막대를 치기 위해 채의 끝 부분) 사용하기
음악 요소 : 형식(Form)	• 따라 하기(인사 노래와 따라 하기 노래를 부르거나 연주하기)
음악에서의 테크놀로지(Technolo-gies in Music)	• 조율할 수 있는 그리고 조율할 수 없는 전통 타악기 연주하기(예: 채를 잡는 법) • 공연 연출, 복장/콘서트 드레스, 음향장비(예: hi-fi, CD 플레이어, 마이크, 녹음기)는 공연과 학급 활동에서 사용될 수 있다(예: 유아들은 CD 플레이어를 작동시키고 정지시키는 법을 안다). • 이용할 수 있는 곳에서 연령에 적합한 컴퓨터 소프트웨어 이용하기 • 연령에 적합한 교사 주도적 인터넷 기반 음악 웹사이트 이용하기

예술 기술과 과정: 기술, 기법, 과정과 관습	
음악: 기보법과 관습	• 교사 주도적인 소리 흐름을 따라 하는 방법(예: 높은/낮은, 소리와 고요(침묵), 빠르고 느림의 사용) • 다른 연주자에 대한 관심과 함께 노래하기, 연주하기, 움직이기 • 보이는 연주의 비형식적 표현
음악 탐색하기: 듣기	• 음악 요소에 중점을 두고 음악의 다른 자원을 관찰하고, 듣고, 탐색하는 법(예: 목소리, 바쁜 거리, 교실, 동물원) • 같거나 다른 소리를 식별하는 방식(예: 높은 그리고 낮은)
음악 탐색하기: 리드미컬한 패턴	• 대조가 될 수 있는 소리의 패턴(예: 느린/빠른, 긴/짧은) • 움직임을 위한 은유로서의 음악(예: 성큼성큼 걷기, 달리기, 스키핑, 갤로핑) • 다양한 장르와 스타일의 음악을 탐색하기 위해 움직임을 이용하는 방식(예: 〈동물의 사육제〉의 '코끼리'에서 어떻게 움직이고 싶니?)
음악 탐색하기: 음높이와 선율	• 내청에 접근하는 법(예: 친숙한 노래를 부르는 동안 목소리 크기를 '켬'에서 '끔'으로 바꾸기) • 선율의 형태 그리고/또는 음높이의 방향에 따라 움직이기(예: 선율이 올라갈 때 천천히 일어서기) • 목소리 탐색(예: 소리치기, 속삭이기, 웃기) • 간단한 선율 패턴을 교사가 제시한 목소리나 악기로 모방하기(예: 흉내 내기 놀이) • 변화될 수 있는 음높이의 방식(예: 기타 줄을 따라 움직이는 손가락) • 음악과 소리를 다루기 위해 테크놀로지 사용하기(예: 컴퓨터에 녹음하기 위해 웹 마이크 사용)

예술 아이디어: 창작하기, 해석하기, 탐색하기, 발전시키기와 표현하기	
음악 창작하기: 즉흥 연주와 작곡하기	• 주변 환경에서 찾을 수 있는 소리의 패턴(예: 기차의 칙 칙 소리, 호루라기 소리, 딸깍거리는 마차 소리, 비행기 이 착륙 소리, 승용차나 트럭의 소리) • 찾거나 만들 수 있는 다른 소리(예: 벤치 꼭대기에서 놀 이하는 동안 학교 주변에서 음악 만들기 탐색하기, 울타리를 따라 막대기로 질질 끌기) • 선율 타악기나 키보드의 검은 건반을 이용하여 5음 음 계로 자유롭게 연주하기 • 음악 요소를 이용하여 즉흥적인 소리의 세계를 창작하 기 위한 리듬 전략 알아보기(예: 바람 부는 날 바람 소리 만들기) • 목소리를 이용하여 즉흥 연주하는 법(예: 캐릭터 이야기 를 위해 동물 소리 만들기)
음악 해석하기	• 움직임, 신체 타악기, 목소리, 선율이나 무선율 타악 기 이용하여 리드미컬한 패턴 따라 하는 법(예: 교사가 하는 찬트 패턴 모방) • 목소리를 이용하여 선율적 패턴 따라 하는 법(예: 이미 알거나 새로운 노래를 학급에서 부르기) • 극놀이에서 기분의 비유로 음악을 탐색하는 방법(예: 슬픈, 기쁜, 근심 걱정 없는, 화난, 의기양양한)
음악 해석하기: 창작하기를 통해 다른 사람의 아이디어 해석하기	• 음악 요소를 해석하는 방식(예: 시각 신호에 따라 크게 또는 작게 악기 연주하기) • 가사와 악구에 기초하여 리드미컬한 패턴을 창작하는 방식(예: 학생들은 다양한 음악적 방식으로 자신의 이름 연 주하기를 탐색) • 묘사하는 말이나 의성어에 대응하여 소리를 창작하는 방식(예: 따가닥따가닥, 야옹, 킁킁)
안전한 음악 실제	• 악기 주의하기(예: 악기는 장난감이 아니다) • 안전한 음악 연주와 실제에 관한 학급의 기대(예: 주변 의 전선 주의하기)

음악 아이디어 발전시키기	• 협력과 관용의 환경에서 음악 아이디어는 가장 잘 발달한다(예: 번갈아가며 하기를 학습). • 짝 활동이나 소집단에서 협력을 보여 주는 방식(예: 개인적 공간에 대한 인식) • 짝 활동이나 소집단에서 다른 사람의 아이디어에 대한 관용을 보여 주는 방식(예: 공연 후 박수 치기)
음악 아이디어 표현하기와 연주하기	• 독창적이고 즉흥적인 음악 아이디어는 반복과 시도를 통해 발전되고 향상될 수 있다(예: 학급 노래 부르기를 연습하기). • 연주하는 동안 초점을 유지하는 방법 그리고 최선을 다하기 위해 노력하기(예: 시작하기와 끝내기를 위해 교사 주시하기) • 함께 연주하는 그룹으로 활동하기 위해 협력하는 전략(예: 학급 노래하기) • 전 곡을 연주하는 법 • 청중의 감각과 목적의식을 가지고 연주하기(예: 자신만만해 보이기) • 다른 사람을 위해 연주하기는 즐겁다(예: 다른 선생님에게 보여 주기). • 조용하면서도 효율적으로 연주 공간에 들어가고 나오는 방식(예: 둘씩 짝을 지어 손 잡기)

(3) 예술 반응, 사회에서의 예술(Arts responses, Arts in society)

학년(year)수준의 내용 구성은 권고 사항이다. 교사는 유아의 이전 학습과 성취에 기초하여 내용을 언제 시작할지에 대한 전문적 판단을 지속할 것이다.

• 교육과정 결과에서 국가적 일관성, 학습의 진술

유아기: 예술/음악/예술 실제(Early childhood: The Arts/Music/Arts Practice)

예술 반응(Arts Responses): 유아들은 예술에 반응하기, 숙고하기, 평가하기에 그들의 심미적 이해를 이용한다.
사회에서의 예술(Arts in Society): 유아들은 사회에서 예술의 역할을 이해한다.

예술 실제와 예술 이해의 내용은 유아의 발달 단계와 이전 경험에 적절한 학습에 대한 맥락을 이용하여 함께 다루어질 필요가 있다. 음악에서 예술 이해는 개인적, 사회적, 문화적 수준으로 음악에 비판적 참여를 할 수 있게 할 전략과 개념의 발전을 포함한다. 음악-구체적인 테크놀로지는 음악에서 예술 실제를 통해 가르쳐져야 한다.

음악 교수는 동일한 개념, 과정, 전략이 유아가 발달하는 동안 점점 더 복잡한 방식으로 다루어지는 나선형 모형을 따른다. 경우에 따라 한 단계에서 다음 단계로의 진전은 더 복잡한 교수와 학습 맥락으로서 더 복잡한 음악 형식의 이용으로 가능해진다. 다른 경우로, 교수 내용은 매년 연결된 화살표로 명시된 동일한 것이다. 그리고 진전은 실제에서의 보다 큰 숙달과 이해의 깊이를 통해 이루어진다.

음악영역과 순서 진술의 내용은 학년수준으로 표현된다. 유아기 초기에 많은 매체에서의 학습은 가르쳐지는 것보다 자발적이고 직접적인 놀이를 통해 이루어진다. 경험의 부족 때문에 유아의 준비도가 현재 학년수준에 맞지 않을 때 교사는 이전 수준의 내용을 참고할 수 있다.

내용의 일반적인 순서(Typical sequence of content)

예술 반응: 반응하기, 숙고하기 그리고 평가하기

음악 반응: 자신의 음악적 과정과 결과물에 대해 숙고하기	• 자신의 음악작품에 대한 느낌을 표현하는 방식(예: 창의적 과정과 관련된 것에 대해 교사가 이끄는 토론) • 자신이 창작한 음악을 어떻게 묘사하는지에 대한 방식(예: 그들의 음악에서 사용한 악기에 대한 교사 주도적인 토론) • 간단한 체계를 이용해 자신의 음악적 경험을 기록하는 방식(예: 주석이 달린 그림)

음악 반응: 다른 사람의 음악 작품에 반응하기	• 음악작품에 대한 정서적 반응을 표현하는 방식(예: 역 할극, 자유 놀이, 움직임을 통해 음악에 반응하기) • 음악적 경험을 토론하는 방식(예: 좋아하는 노래나 그들 이 부르기 좋아하는 동요에 대해 토론하기 위해 돌려가며 만 들거나 쓴 것) • 음악 테크놀로지를 사용하여 요소를 식별하기 위한 전 략(예: 소리/고요(침묵), 박/리듬, 큰/작은 같은 요소를 소개 하기 위한 다양한 게임) • 음악을 들을 때 적절하게 반응하는 방식(예: 조용히 앉 아서 연주되는 음악 듣기)
음악 반응: 음악작품 평가 하기	• 자신의 음악작품을 평가하는 방식(예: 그들의 음악에서 좋아하는 것에 대한 교사 주도적인 그룹 토론) • 유아 자신의 음악작품에 대한 간단한 요소를 묘사하는 방식(예: 빠른/느린, 큰/작은) • 음악작품에 대해 다양한 반응이 있다는 것을 인식하기

사회에서의 예술: 예술을 가치 있게 여기기, 호주의 예술, 맥락과 경제적 고려 사항(Arts in Society: Valuing the Arts, Australian Arts, Contexts and Economic Considerations)	
사회에서의 예술: 음악을 가치 있 게 여기기	• 음악은 즐길 수 있고 일상생활에서 나타난다. • 적절한 청중 그리고 듣기 행동에 참여하기(예: 연주되 는 음악에 주목하기)
음악의 맥락: 호주의 음악	• 음악은 학교 공동체에 있다(예: 지역 학교 밴드, 조례). • 음악은 자기 삶에서의 사람과 사건들을 상기시킬 수 있다.
음악의 맥락: 역사적 그리고 문화적 맥락	• 음악에의 노출은 가족 배경에 따라 각기 다를 수 있다 (예: 가족의 유산). • 음악은 다양한 환경에서 일어날 수 있다(예: 가정, 학 급, 학교 조회). • 음악적 경험은 연대표에 표시될 수 있다(예: 순차적인 순서에서 그림을 이용한 음악적 사건의 표현).

사회에서의 음악: 경제적 고려 사항	• 음악을 창작하기 위해 그들이 사용한 자료 식별하기 (예: 악기, 목소리) • 음악 자료 주의하기(예: 악기를 바르게 쥐고 연주하기) • 몇몇 사람들은 음악을 창작하는 일을 한다(예: 가수, 악기를 연주하는 음악가). • 음악은 그것의 제목으로 확인될 수 있다(예: 〈반짝반짝 작은 별〉, 〈Big Red Car〉).

출처: Department of Education and Training Western Autstralia, Early Childhood: The Art/Music/Arts Practice: Arts Skills and Processes Scope and Sequence, December 2007. (National Consistency in curriculum outcomes statements of learning)

5. 빅토리아 주의 유아음악교육과정

빅토리아 주는 매년 6월 3일 기준 3세에 유치원(Kindergarten)에 등록 가능하며, 초등학교 직전 해에는 모든 유아에게 주당 15시간의 유치원 프로그램을 제공한다.

빅토리아 주 교육과정 평가국(Curriculum and Assessment Authority)인 빅토리아 핵심학습표준(Victorian Essential Learning Standards, AusVELS) 에서도 기초단계부터 10학년까지의 교육과정을 제시하고 있다. AusVELS는 처음 개발된 교육과정 체계인 빅토리아 핵심학습표준 (Victorian Essential Learning Standards, AusVELS)에 영어, 수학, 역사와 과학에 대해 호주 교육과정 F-10(Australian Curriculum F-10)을 포함한 다. 빅토리아 핵심학습표준(AusVELS)은 교수학습에서 빅토리아 주의 우선 사항과 접근법을 유지하는 동안 새로운 호주 교육과정의 반영과 설계를 위해 11개 레벨 구조를 사용한다.

AusVELS는 표준(standards)으로 불리는 3개의 상호 연결된 학습영역의 빅토리아 핵심학습표준(VELS) 삼중나선 구조에 기초한다.

빅토리아 핵심학습표준(AusVELS)은 빅토리아 주의 기관들이 호주 교육과정(Australian Curriculum)의 효과적인 시행을 위한 모델과 자료로서 호주 전체 교육과정을 기반으로 교수학습에서 빅토리아 주의 우선 사항과 접근법을 반영한 교육과정을 포함하고 있다.

3개의 범주와 영역은 다음과 같다.

범주	영역
신체적, 개인적 그리고 사회적 학습	• 시민론과 시민의식 • 건강과 신체 교육 • 사회성 발달 I • 개인적 학습
교과 기반 학습	• 예술 • 영어 • 인문학 • 경제 • 지리 • 역사 • 언어 • 수학 • 과학
학제 간 학습	• 의사소통 • 디자인, 창의성과 테크놀로지 • 정보와 매체 기술 • 사고 과정

이 가운데 예술의 영역은 두 가지 차원으로 조직된다.

• 창의적이기와 만들기(Creatin and making)

• 탐색하기와 반응하기(Exploring and responding)

학습 중점 사항

학생들이 예술 분야에서 기초단계 표준의 성과를 거둘 때 그들은 연주를 하거나 미술작품을 만들면서 자신과 세상에서 겪은 경험, 관찰, 생각, 느낌 등을 표현하고 소통한다. 교사의 지도하에 그들은 놀이, 문제 해결, 상상, 관찰, 나가고 들어오는 것 같은 자극들에 대한 반응으로 전통적이며 현대적인(디지털 포함) 미술작품을 만든다. 학생들이 가능성과 제한점을 발견하는 자연스러운 경향은 여러 연주 형태, 시각적 요소, 원리, 기술, 과정, 미디어, 매체, 테크놀로지 등을 사용하는 다양한 방법을 통해서 더욱 부각된다.

예를 들면 학생들은:

미술에서 젖은 또는 건조된 매체에 가능한 한 많은 방법을 탐색하여 표시를 할 수 있다.

춤에서 몸의 중심을 다양한 방법으로 이동시킴으로써 바람에 흔들리는 나뭇잎을 표현할 수 있다(준비운동 후).

드라마에서 얼굴 표정, 제스처, 비언어적 표현 등을 통해 이야기의 다른 부분에 배우의 느낌을 전달할 수 있다.

미디어에서 그들이 만든 스토리북에 효과음을 만들거나 녹음시킬 수 있다.

음악에서 날씨의 변화에 따른 소리의 변화를 만들기 위해 신체 타악기, 타악기, 목소리 등을 사용한다.

예술 창작의 한 부분으로서 학생들은 예술이 그들의 사회와 문화와 사건 그리고 개인적인 경험의 일부가 되는 여러 방법에 대해 이야기한다. 그들은 자신들이 만들고 탐색한 예술에 대한 생각을 토론하고 표현하며, 자신과 다른 사람의 작품을 표현하는 데 예술적 언어를 교사의 안내하에 사용하기 시작한다. 그들은 감각을 바탕으로 한 작품들에 대해 개인적인 반응을 만드는 방법을 학습하며, 다른 사람과 함께 창작자와 청중이 될 수 있는 방법에 대해 고려한다.

기초단계(Foundation level)에서 유아들은 공연과 미술작품을 만들고 공유하는데 그것은 관찰, 개인적 생각, 느낌, 경험을 전달한다. 지도(안내)에 따라 그들은 다양한 예술 형식에 다양한 예술 요소, 기술, 기교, 과정, 매체, 자료, 장비, 테크놀로지를 사용한다. 그들은 공동체에서 자신들의 작품과 예술작품들, 행사의 여러 측면에 대해 이야기를 나눈다. 기초단계에서는 창의적이기와 만들기만 다루어지며, 탐색하기와 반응하기는 3단계부터 시작된다.

빅토리아 주의 예술영역에 관한 교육과정 관련 자료는 두 가지가 제시되어 있는데, 예술영역 교수학습 접근법(Aproach to Arts)과 예술교육 진보사항 예시(Progression points example for Arts)이다. 예술은 학생들의 비판적 사고와 창의적 사고를 도와주며, 자신과 세상을 이해하도록 도와주는 독특하고 표현적이며 창조적인 소통의 형식이다.

위의 자료 모두 교사의 예술교육 수업을 지원하는 자료이다.

먼저 예술교육 진보사항 예시*는 교사가 평가나 학생의 성취를 보고하는 데 도움을 주는 자료로 0.5점 단계로 제시되어 있다. 유아를 포함하는 기초에서 2단계까지는 F.5, 1, 1.5까지 제시되어 있다. 예술교육

---

* http://www.vcaa.vic.edu.au/Pages/foundation10/curriculum/resources/arts.aspx#approaches

진보사항은 교육과정 계획과 목표 기록에 필수 의무사항은 아니며 표준을 제시하는 것도 아니다. 단지 학생들의 진보를 보여 주는 결과나 증거를 설명하는 것이다.

기초단계에서 2단계까지의 예술교육 진보사항 예시는 다음과 같다.

기초단계에서 유아의 진행 과정* 중 예를 들면:

창의적이기와 만들기

- 자극 매체에 창의적이고 민감하게 반응하는 데 몸이나 목소리를 사용하기
- 노래 부르고, 선율악기나 무선율악기를 연주할 때 소리, 고요(침묵), 박과 음높이를 인식하기
- 2차원이나 3차원 작품에서 다양한 재료와 매체, 기술을 사용하여 조직과 모양 탐색하기
- 이미지를 배열하기. 예를 들어 사건을 다시 세어 보거나, 친숙한 이야기 다시 이야기하기
- 유아들이 만들고 경험한 연주나 미술작품에 대해 이야기 나누기 시간에 참여하기

---

* http://www.vcaa.vic.edu.au/Documents/auscurric/progressionpoints/ArtsProgressionPoints.pdf

• 예술교육 진보사항

F.5단계 F.5단계에서 학생들의 진보를 보이는 예시는 다음과 같다.	1단계 1단계에서 학생들의 진보를 보이는 예시는 다음과 같다.	1.5단계 1.5단계에서 학생들의 진보를 보이는 예시는 다음과 같다.
창의적이기와 만들기	창의적이기와 만들기	창의적이기와 만들기
• 상상의 생각을 전달하는 색, 소리나 모양 같은 예술 요소를 사용하는 효과적인 방법을 탐색하기 • 자극 매체에 대한 반응으로 창작된 행동이나 표현적인 움직임 기억하기 • 생각이나 관찰을 전달하기 위해 모양, 색, 이미지 그리고 소리가 반복될 수 있는 방법을 탐색하기 • 자극 매체에 대한 반응으로 생각을 나타내는 시각 효과나 효과음을 만들기 • 그들과 다른 사람들이 만든 공연예술과 시각예술의 특성을 식별하기	• 생각과 관찰을 소통하는 계획된 방식에 있어 매체, 자료, 장비를 사용할 때 예술 요소를 선택하기 • 움직임과 활동을 연결하는 방법을 계획하기 • 생각과 관찰을 전달하기 위해 반복을 창조하기 위해 선택된 예술 요소들이 사용될 수 있는 방법을 보여 주기 • 시각적, 청각적, 목소리 효과의 사용을 보여 주기 • 그들 자신과 다른 사람의 공연과 시각예술 작품에서 선택된 특징이 조정될 수 있는 방법에 대해 식별하기(예를 들면 말하거나, 움직이거나, 그리는 것에 의해)	• 예술작품의 표현적 질을 높이고 의도된 생각을 전달하기 위해 예술 요소를 조정하기 • 자신의 춤, 극, 음악 작품의 표현적 질을 높이기 위해 움직임이나 행동 선택하기 • 반복의 사용을 보여 주기(예를 들어 패턴 만들기, 초점 만들기, 특별한 방식으로 관찰이나 생각을 표현하기) • 의도된 효과를 만들기 위해 시각적, 청각적, 목소리 효과를 조정하는 방법을 결정하기 • 특별한 방식으로 예술영역의 여러 측면을 조정하기 위해 그들과 다른 사람들이 선택한 이유에 관한 토론에 예술 용어를 사용하기

예술에 대한 교수학습 접근법은 교사에게 예술에 대한 표준을 시행하고 학습 프로그램과 평가 과업을 포함하기 위해 미술, 춤, 연극(드라마), 미디어, 음악 또는 시각적 매체를 이용하기 위한 조언과 지원을 제공한다. 이 중 시각적 매체는 7학년부터 제시하였다.

이 절에서는 유아음악교육과정에 해당하는 기초단계(Foundation level)의 음악 부분을 제시하였다. 다음의 내용은 Arts Resources site에 제시된 내용으로, 교사들이 빅토리아 주에서 빅토리아 주 교육과정(AusVELS curriculum)을 수행할 수 있도록 돕기 위한 교육과정 지원 자료이다. 예술 담당 교사와 담임 교사들은 계획하기나 감독을 위해 이 조언을 개별적으로 또는 팀으로 사용할 수 있다고 밝히고 있다. 교수학습 접근법 - 예술(음악) 기초단계는 웨스턴오스트레일리아 주의 자문 자료와 유사한 역할을 한다.

빅토리아 주 교육과정[*]

교수학습 접근법 - 예술(음악) 기초단계(Foundation)

예술 표준	
차원(Dimension): 창작하기와 만들기	예술을 위한 기준을 시행하기 위해 음악을 사용할 때, 교사는 유아가 아래와 같이 하는 것을 허용하는 학습 활동을 개발할 수 있다:
	• 소리의 역할과 일상생활뿐 아니라 주변 환경에서의 음악, 감정 간의 연관성에 대한 인식을 발달시키는 교실 안팎의 경험과 아이디어에 바탕을 둔 음악작품을 만든다. 예를 들어 유아들은 타악기를 사용하여 이야기의 음악적

* http://www.vcaa.vic.edu.au/Documents/auscurric/arts/approaches/AusVELS_approaches_Music_F.pdf

(유아들은) 관찰과 개인적 아이디어, 느낌과 경험을 소통하는 연주와 시각예술 작품을 만들고 공유한다.	내레이션을 창작하거나 신체 타악기를 사용하여 폭풍우 소리를 창작한다. 주) 기초단계에 유아들은 일반적으로 친숙한 관객을 위해 음악을 연주한다. 예를 들어 그들은 기초단계와 1단계의 다른 유아들, 부모 또는 조부모 그리고 특정한 사람들의 날을 위해 자신의 작품으로 학급 공연을 할 수 있다. • 작곡하기, 즉흥 연주하기, 그룹으로 연주하기, 그들의 작품에 대해 이야기하기, 교실 내 학생들의 문화와 같은 다양한 자료의 음악작품에 반응하기 같은 여러 가지 방법으로 그들의 음악작품을 공유한다.		
유아는 지도에 따라 다양한 예술 형식의 여러 가지 예술 요소(각각 또는 조합하여), 기술, 기법 그리고 과정, 매체, 자료, 기구와 테크놀로지를 탐색하고 이용한다.	안내에 따라 다양한 음악의 요소를 탐색하고 사용한다. 예를 들어: • 음색 - 다양한 통상적인 그리고 색다른 악기의 소리를 탐색하고 조합한다. 예: 목소리, 소리가 나는 사물 대상, 선율 타악기와 무선율 타악기 • 조직(texture)-조직(texture)과 대조되는 다양한 소리를 탐색한다. 예: 부드러운, 들쭉날쭉한 • 리듬/시간-단순한 박자 안의 고정 박을 유지한다. 간단한 리듬 패턴을 알아보	안내에 따라 다양한 기술, 기법, 과정을 탐색하고 사용한다. 예를 들어: • 노래하는 목소리와 청각적 식별을 발달시켜 노래를 부른다. • 유아의 자연스러운 목소리를 사용하여 음높이를 다른 요소들과 맞춘다. • 악기를 연주하고 소리를 만들 방법을 탐색할 물체를 만든다. • 그룹으로 연주한다. • 기보법이나 막대 표기법의 읽기, 쓰기를 통해 음악적 문식성이 발달하기 시작한다.	안내에 따라 다양한 매체, 자료, 테크놀로지를 탐색하고 사용한다. 예를 들어: • 다양한 종류의 소리를 창작하기 위하여 목소리, 다른 악기, 신체 타악기, 소리 나는 사물 등을 사용한 다양한 방법을 탐색한다. 예를 들어 이야기 노래에서 등장인물과 의사소통하기 위해. • 악기를 만들기 위해 재활용품을 사용한다. • 연속적인 틀에 따라 즉흥 연주를 한다.

고 연주한다.

- 셈여림(큰/작은), 빠르기(느린/빠른)와 대조하여 구별하고 탐색하고 사용한다.
- 멜로디-제한된 범위의 음높이를 가진 노래/기악곡을 알아보고 연주한다. 음높이(높은/낮은)와 대조하여 구별하고 탐색하고 사용한다.
- 셈여림/음량-셈여림(큰/작은), 빠르기(느린/빠른)와 대조하여 구별하고 탐색하고 사용한다.
- 형식(form)-같거나 다른 음악적 구조를 식별하여 문답의 형식을 탐색하고 사용한다.

- 간단한 전통적 또는 비전통적인 표기법을 사용하여 작품의 여러 측면을 기록한다. 예를 들어 그림 기호 또는 관습적 표기법으로 대조되는 소리들을 표시하기(음높이, 음길이, 조직)
- 간단한 리듬 패턴을 이해한다.
- 통상적 악보에서 더 높고 낮은 음높이를 인지하도록 한다.
- 자유롭거나 구조화된 맥락에서 즉흥 연주를 한다.
- 예를 들어 반복되는 패턴의 짧은 춤을 배우기와 같은 움직임 또는 시각적 이미지의 창작을 통해 음악에 반응한다.
- 묻고 답하기, 절과 후렴구와 같은 간단한 음악적 형식을 듣고 반응한다.

평가 과업에 대한 아이디어

- 친숙한 이야기나 시각적 매체 같은 자극에 대해 표현력 있는 반응을 보이고 관찰, 아이디어, 느낌 그리고/또는 경험을 표현하기 위해 음악과 소리를 사용한다.
- 듣기에 대한 반응을 표현한다. 예를 들어 움직임, 그리기 그리고/또는 말하기
- 즉흥 연주와 패턴 만들기, 반주하기 그리고/또는 소리 풍경 만들기를 위해 소리를 탐색한다.
- 제창하고, 조율하지 않는 악기로 멜로디에 맞춰 단순한 반주를 한다. 예를 들어 드럼과 선율악기(예: 실로폰)
- 음높이(높은/낮은), 박, 리듬/시간(긴/짧은, 빠른/느린), 셈여림(큰/작은), 음색을 포함한 음악 요소를 안내에 따라 사용한다.
- 다양한 음색과 함께 소리의 질을 탐색한다.
- 짧은 리듬과 멜로디 패턴의 안내된 모방과 창조
- 자신의 음악 경험과 지역사회의 음악 행사에 대한 교실에서의 대화에 참여한다.

음악과 다른 영역을 조합하기

범주	영역
신체적, 개인적, 사회적 학습	기초단계에서는 음악과 그 외의 영역(유아의 학습을 향상시키는 데 사용될 수 있는 신체적, 개인적, 사회적 학습영역)들을 연결시킨다. 그 학습영역은 다음을 포함하고 있다. **대인관계의 발달** ……은 친구의 특성을 알고 또래를 소중히 여기는 것을 나타낸다. 이러한 대인관계의 발달은 다양한 맥락 안에서의 긍정적인 사회적 관계 발달에 기여한다. 유아는 갈등을 처리할 때 적절한 언어와 행동을 사용한다. 유아는 그룹에서 협동적으로 활동하기 위해 필요한 기본적 기술을 형성한다.

	예를 들어,
	• 다양한 악기를 사용한 작품을 연주할 때 유아는 단체 활동을 하고, 차례를 기다리고, 악기를 공유하고 관리하는 기술이 발달한다.
	• 단체로 노래를 부를 때 유아는 집단의 소리에 맞춰 자신의 소리를 어떻게 조절하는지 학습하기 시작한다.
	• 청중이 되고 그들 자신의 음악을 공유함으로써 유아는 연주자의 느낌을 소중히 여기는 것을 배우고, 계획된 방법으로 연주하는 것에 대한 책임감이 발달하기 시작한다. 또한 유아는 연주에 대한 자신의 기억을 언급할 때 그러한 것들(연주자의 느낌, 책임감 등)에 대해 이야기할 수 있다.
신체적, 개인적, 사회적 학습	**개인적 학습**(학습의 초점) ……은 또래와 함께 배울 기회를 제공한다. 예를 들어, • 다른 친구들과 같이 음악을 만듦으로써 음악의 고유한 사회적 특성을 경험하고 서로의 음악적 선호와 능력에 대해 배운다.
	…… 학습에 있어 위험을 감수하도록 격려하고, 실수가 향후 학습의 수단이 될 수 있다는 것을 이해하게 된다. 예를 들어, • 유아는 다른 사람과 그들의 음악작품을 공유하는데 점차 자신감이 발달되도록 노래를 부르고, 악기를 연주하고, 그들의 음악작품을 창작하고, 여러 가지 기술과 기량을 배울 때 모험을 시도한다. • 노래와 악기 연주하는 방법에 대한 학습을 통해서 개별 유아의 요구가 맞추어질 수 있다. 이러한 방식으로 모든 유아는 자신의 수준에서 도전하고 자신의 수준을 확장할 수 있다.

교과목 기반 학습	기초단계에서는 음악과 그 외의 영역(유아의 학습을 향상시키는 데 사용될 수 있는 과목 기반 학습영역)들을 연결시킨다. 그 학습영역은 다음을 포함하고 있다.

영어(일반적으로 말하기와 듣기)
다양한 학급 상황에서 구어를 적절히 사용한다.
예를 들어,
• 노래 부르기, 찬트와 라임을 통해
• 이야기 노래 듣기
• 노래와 라임을 통해 라임과 단어 구조를 탐색하기
• 단어, 소리와 음악을 사용해 이야기를 바꾸어 말하면서 이야기의 의미를 확장하기

인문학(학습의 초점)
…… 개인적인 이야기를 포함한 이야기를 들으면서, 또한 기념 행사에 참여하면서 유아는 호주 사회에 기여한 문화와 역사에 대해 배우기 시작한다. 그리고 그들의 경험 이외의 다른 장소에 대해 보거나 들으면서 유아는 자신이 살고 있는 곳과 다른 시간, 장소가 어떻게, 왜 다른지 숙고하기 시작한다.
예를 들어,
• 호주 토착 음악가나 다른 문화권에서 온 지역사회 음악가의 공연을 보고 들으면서 유아는 그들의 문화에서 음악과 다른 예술 과목의 극에서의 역할에 대해 배운다.
유아는 또한
• 그들이 경험한 다른 문화의 음악적 전통이 자신의 문화의 전통과 어떻게 그리고 왜 다른지에 대해 이야기할 수 있다.
• 유아들이 배운 영어 이외의 언어권의 문화제와 같은 기념 행사에 청중과 연주자로서 참여할 수 있다. |
| 학제 간 학습 | 기초단계에서는 음악과 그 외의 영역(유아의 학습을 향상시키는 데 사용될 수 있는 학제 간 학습영역)들을 연결시킨다. 그 학습영역은 다음을 포함하고 있다. |

학제 간 학습	**의사소통**(학습의 초점) ……은 공식적/비공식적 환경에서 다양한 자극에 반응한다. 예를 들어 청각적…… 글. 유아는 또래와 그들이 만든 이러한 글의 의미를 공유한다. 예를 들어, • 유아는 적극적(능동적)인 청중이 되는 것과 '이것은 …… 느끼게 해 준다. 왜냐하면 ……'와 같이 그들이 들은 음악의 감정적 영향에 대해 반응하는 것을 배운다. **디자인, 창의성, 테크놀로지**(학습의 초점) 재활용품으로 악기를 만들면서 • 유아는 새 물건을 생산하는 데 재활용되고 재사용될 수 있는 자료들을 배운다. • 유아의 디자인, 기교를 발달시키기 위해서 자유롭고 집중적인 방식으로 자료/재료들을 가지고 놀고 조작한다. **사고 과정**(학습의 초점) ……은 유아의 관찰에 의한 정보, 또래와 교사, 다른 성인들에 의한 정보 그리고 …… 책자가 아닌 글에 의한 정보를 통합하여, 유아는 자신이 관찰한 현상에 대한 간단한 설명을 발달시키기 시작한다. 그러한 설명—꼭 완벽한 것은 아닌—은 향후의 질문과 설명을 위한 시작점이다. 예를 들어, • 친숙한 이야기 읽기에 맞춰 반주하는 소리를 만들 때 유아는 처음에 그들의 관찰에 근거하여 사용할 악기, 패턴, 셈여림, 조직(texture)에 대해 선택하고 결정한다. 선택을 시도한 후 유아는 교사의 지도와 함께 자신이 한 선택이 얼마나 효과적이었는지 생각해 보고 그들의 목표 성취에 맞게 조정한다.

6. 결론

호주는 연방정부로 뉴사우스웨일스, 퀸즐랜드, 사우스오스트레일리아, 태즈메이니아, 빅토리아, 웨스턴오스트레일리아의 6개 주와 오스트레일리아 수도 준주, 노던 준주의 2개 자치령을 포함하여 8개의 지역으로 구성되어 있다. 8개의 지역은 각 지역에 따라 다양한 유아교육과정이 적용되던 것이 최근 우리나라의 누리과정에 해당하는 유아기 학습체계가 발표되어 전 지역 교육 · 보육기관에 공통으로 적용되고 있다. 각 지역들은 유아기 학습체계를 기본으로 하여 각 지역 상황과 특색에 맞는 자문 자료나 보조 자료들을 제시하고 있다. 유아기 학습체계는 유아의 학습을 위한 비전과 유아교육의 원칙, 실행 그리고 다섯 가지 학습의 결과 등으로 내용이 구성되어 있다. 하지만 음악이나 미술, 예술 등과 같은 분과적인 교육과정 목표나 내용은 제시되어 있지 않아 유아 음악교육과정을 살펴보기 위해 기초단계부터 10학년을 위한 교육과정 중 예술영역에 대한 부분의 기초단계를 살펴보았다. 또한 유아음악교육에 대한 구체적인 내용이 빅토리아 주에 자세히 제시되어 있어 호주(웨스턴오스트레일리아 주 포함)와 빅토리아 주의 기초단계부터 10학년까지의 교육과정의 기초단계 내용을 제시하였다. 호주의 경우 유아기에 해당하는 F-10 교육과정 중 예술영역은 춤, 드라마, 미디어, 음악, 시각예술로 나누어지며 이 중 음악에 해당하는 부분을 살펴보면 근거와 목표, 음악 학습, 활동 내용, 음악의 지식과 기술에 대한 내용 및 예시, 교육 내용과 행동지침 등이 구체적으로 제시되어 있으며 음악 활동 및 활동 시 포함해야 할 음악 요소도 구체적으로 제시하고 있다. 웨스턴오스트레일리아 주의 경우 음악적 내용이 예술적 아이디어, 예술 기술 과정에 대한 내용, 음악 요소에 따라 제시되고 있으며 특히 사회에서의 예술 부분을 제시하고 있는데, 호주 토착 문화와 전통적 예술을 강조하고 있다. 빅토리아 주의 경우도 유치원 시기를 위한 음악교육과정을 제시하고 있는데, 교수학습 접근법을 위한 음악교육 표준을 제시하고 있고, 음악과 다른 영역의 통합 부분에 관한 내용도 제시하고 있다. 특히 평가를 위한 구체적인 내용을 포함하고 있어 현장에서의 적용이 용이하도록 구성되어 있다.

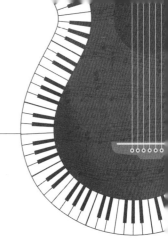

XI 한국의 유아음악교육과정

1. 서론

북한

평양

서울

부산

제주

　　아시아 대륙의 동쪽 끝에 위치한 반도국 한국은 높은 교육열을 지닌 나라로서 100여 년의 유아교육 역사를 가지고 있다.

　　1969년 제1차 유치원 교육과정을 시작으로 한국의 유치원 교육과정은 사회적, 이론적, 문화적 및 시대적 배경과 함께 변화되어 왔다. 그동안 7차에 걸친 유치원 교육과정의 개정 이후 2012년 3월부터 5세 누리과정이라는 유치원 교육과정과 어린이집 표준보육과정의 통합교육과정이 개정 고시되었다. 2013년부터는 3~5세 누리과정으로 그동안 이원화되었던 3~5세 유아 대상의 유치원 교육과정과 어린이집 보육과정이 일원화되는 전기를 맞게 되었다. 누리과정은 기본생활습관과 창의, 인성교육을 강조하는 동시에 이를 별도의 영역으로 구분하지 않고 누리과정 전 영역에서 강조하도록 하였다(교육과학기술부 · 보건복지부, 2013).

유치원 교육에서 많은 시간과 내용을 차지하는 음악교육을 포함한 음악교육 영역도 교육과정의 개정과 함께 변화되어 왔는데, 2007 개정 유치원 교육과정에서는 음악교육과정에 해당하는 부분이 표현생활 영역에 포함된 것에 비해, 누리과정에서는 예술경험 영역에 포함되어 있다. 아름다움 찾아보기, 예술적 표현하기, 예술 감상하기의 내용범주로 구분되어 있는 누리과정의 예술경험 영역은 탐색, 표현, 감상의 내용을 포함하고 그에 따라 구분되어 있는 2007 개정 유치원 교육과정과 그 맥을 같이 하고 있다(이영애 · 양지애, 2012).

누리과정은 통합과정으로 제시되었으나 이를 현장에 적용하는 유아교육기관들이 아직까지 이원화되어 있는 현실을 반영하여 누리과정 지도서는 교육부에서 제시한 누리과정 교사용 지도서와 누리과정에 기초한 어린이집 프로그램으로 나누어 출간되었다. 이 두 개의 지도서에는 다양한 음악 활동이 포함되어 있으며, 활동별 목표와 준비 자료, 평가 등이 구체적으로 제시되어 있다.

누리과정은 신체운동 · 건강, 의사소통, 사회관계, 예술경험, 자연탐구의 5개 영역으로 구성되어 있는데 예술경험에는 음악, 미술, 춤, 연극 등 다양한 예술영역이 포함되어 통합적으로 제시하고 있다.

- 누리과정: 7차 유치원 교육과정 이후 3~5세 유아를 위한 교육 · 보육과정으로 유치원과 어린이집에 공통으로 적용되는 최초의 공통과정이다.
- 예술경험: 누리과정의 내용범주는 5개 영역으로 구성되는데, 예술교육 관련 내용은 예술경험 영역에 제시되어 있다.
- 표현생활: 7차 유치원 교육과정의 5개 내용범주에서 예술교육 관련 내용은 표현생활 영역에 제시되어 있다.

2. 한국의 학제 및 유아교육과정

현재 우리나라의 학교 유형과 학제는 초등학교 6년, 중학교 3년, 고등학교 3년, 대학교 4년으로 되어 있으며, 의무교육 기간은 초등학교부터 중학교까지의 9년이다.

유아교육은 0~2세의 경우 어린이집에, 3~5세의 경우 유치원과 어린이집 중 가정의 여건과 선호에 따라 선택적으로 다니고 있다. 6세부터는 초등학교 6년을 거쳐 중학교 3년, 고등학교 3년 과정으로 구성되어 있다. 최근 교육과정의 연계성을 강조하고 있어 전 학년의 교육과정 연계를 위한 연구들이 진행되고 있다. 유아교육에서의 교육과정은 어린이집과 유치원이 누리과정으로 통합되었으나 주관부서, 교사양성, 평가체제 등이 여전히 이원화되어 있어 유아교육의 완전한 통합 모델 구축을 위해 정부주관 시범 사업 등 통합 노력이 진행 중이다.

표 18_ 한국의 학제

과정	학년	연령	기관
대학교육	1~4학년	18세 이상	대학교
중등교육	1~3학년	15~17세	고등학교
	1~3학년	12~14세	중학교
초등교육	1~6학년	6~11세	초등학교
유아교육	유아반, 유치반	3~5세	유치원, 어린이집
	영아반	0~2세	어린이집

3. 한국의 유아음악교육과정

누리과정의 예술경험 영역은 유아가 친숙한 주변 환경에서 발생하는 소리, 음악, 움직임과 춤, 모양과 색 등의 미술 요소에서 아름다움을 느끼고 또래와 교사, 부모, 지역사회의 주민이나 작가가 표현한 예술작품을 가까이 접하면서 이를 탐색하고 창의적으로 표현하는 것을 즐기며 감상하기 위한 영역이다. 누리과정의 예술경험 영역은 '아름다움 찾아보기', '예술적 표현하기', '예술 감상하기'의 세 가지 내용범주로 구성되어 있으며 이 세 가지는 서로 연계되고 순환되면서 유아의 예술경험을 새롭게 재구성하도록 한다(교육과학기술부·보건복지부, 2013). 누리과정의 예술경험 영역은 예술의 여러 영역인 춤, 음악, 미술, 연극 관련 내용이 통합적으로 제시되어 있으므로 음악에 대한 부분만 발췌하여 제시하였다. 구체적인 내용은 〈표 19〉와 같다.

표 19_ 3~5세 누리과정 예술경험 영역 음악 관련 내용 및 세부 내용

내용범주	내용	3세	4세	5세
아름다움 찾아보기	음악적 요소 탐색하기	다양한 소리, 음악의 셈여림, 빠르기, 리듬 등에 관심을 갖는다.		다양한 소리, 악기 등으로 음악의 셈여림, 빠르기, 리듬 등을 탐색한다.
예술적 표현하기	음악으로 표현하기	간단한 노래를 듣고 따라 부른다.	노래로 자신의 생각과 느낌을 표현한다.	
		전래동요를 즐겨 부른다.		
		리듬악기로 간단한 리듬을 표현해 본다.	리듬악기를 연주해 본다.	
		간단한 리듬과 노래를 즉흥적으로 만들어 본다.		리듬과 노래 등을 즉흥적으로 만들어 본다.
	통합적으로 표현하기	음악, 움직임과 춤, 미술, 극놀이 등을 통합하여 표현한다.		
		예술 활동에 참여하여 표현 과정을 즐긴다.		예술 활동에 참여하여 창의적으로 표현하는 과정을 즐긴다.
예술 감상하기	다양한 예술 감상하기	다양한 음악, 춤, 미술작품, 극놀이 등을 듣거나 본다.	다양한 음악, 춤, 미술작품, 극놀이 등을 듣거나 보고 즐긴다.	
		나와 다른 사람의 예술 표현을 소중히 여긴다.		
	전통예술 감상하기	우리나라의 전통예술에 관심을 갖는다.		우리나라의 전통예술에 관심을 갖고 친숙해진다.

누리과정에서 예술경험 영역은 이전 유치원 교육과정의 예술교육 영역에 포함되어 있었던 탐색, 표현, 감상의 내용과 그 맥을 같이하고 있다. 예술경험 영역에서는 3, 4, 5세 유아들에게 아름다움을 찾아보고 그 아름다움을 표현하며, 자신의 창의적 표현을 즐기고 감상하도록 한다. 또한 다른 사람의 예술적 표현을 존중하고, 우리 문화에 내재된 아름다움을 찾아보며 느낌을 나눌 수 있도록 하는 경험에 중점을 둔다(교육과학기술부·보건복지부, 2013). 예술경험 영역은 아름다움 찾아보기, 예술적 표현하기, 예술 감상하기의 세 가지 내용범주로 나누어지며 이는 탐색, 표현, 감상과 연결된다. 예술경험에 포함된 음악적 요소로는 셈여림, 빠르기, 리듬이 제시되어 있고 음악 관련 활동으로는 노래하기, 리듬악기 연주하기, 신체표현 활동이 포함되어 있다. 예술영역의 세 가지 내용범주를 구체적으로 살펴보면 첫째, 탐색영역에 해당하는 아름다움 찾아보기 내용범주에는 음악적 요소 탐색하기의 하위 내용이 음악과 직접적으로 연결된 내용영역이며 다양한 소리, 음악의 셈여림, 빠르기, 리듬 등에 관심을 갖고 탐색하는 내용을 제시하고 있다. 둘째, 예술적 표현하기 내용범주에는 음악으로 표현하기, 통합적으로 표현하기가 음악과 직접적으로 연결되는 내용으로서, 음악으로 표현하기의 세부 내용에는 간단한 노래를 부르거나 리듬악기 연주를 하면서 자신의 느낌을 표현하거나 즉흥 연주나 간단한 작곡의 내용을 제시하고 있다. 통합적으로 표현하기의 세부 내용으로는 음악, 움직임과 춤, 미술, 극놀이 등을 통합하여 창의적으로 표현하는 과정을 즐기는 내용을 제시하고 있다. 셋째, 예술 감상하기 내용범주에는 다양한 예술 감상하기, 전통예술 감상하기의 하위 내용이 구성되어 있다. 다양한 예술 감상하기의 세부 내용으로는 다양한 음악, 춤, 미술작품, 극놀이 등을 들거나 보고 즐기며 나와 다른 사람의 표현을 소중히 여기는 내용이 제시되어 있다. 전통예술 감상하기의 세부 내용으로는 우리나라의 전통예술에 관심을 갖고 친숙해지는 내용을 포함하고 있다.

4. 결론

우리나라의 유아교육과정은 2013년부터 3~5세 누리과정을 시행하여 그동안 이원화되었던 유아 대상의 유치원 교육과정과 어린이집 교육과정을 일원화하였다. 누리과정은 신체운동·건강, 의사소통, 사회관계, 예술경험, 자연탐구의 5개 영역으로 구성되어 있는데 예술경험에는 음악, 미술, 움직임과 춤, 연극 등 다양한 예술영역이 포함되어 통합적으로 제시하고 있다. 예술경험 영역의 음악교육 관련 내용을 살펴보면 셈여림, 빠르기, 리듬의 음악적 요소를 포함하고 노래하기, 리듬 연주 등의 음악 활동 내용이 포함되어 있지만 다른 나라의 음악교육과정 영역에 비해 음악적 요소의 구체적인 제시나 음악교육의 성취 기준이나 평가 내용 등 세부 내용은 구체적으로 제시되지 않았으며 포괄적이고 통합적인 방식으로 제시하고 있다. 유아음악교육과정을 구성할 때 통합적인 제시 형식을 취하는 나라도 있고 음악에 대해 보다 상세하게 제시하는 나라도 있는데, 특히 유아과정에서는 포괄적이고 통합적으로 제시하는 나라가 많은 편이다. 교육과정의 역할이 현장에 직접적인 적용 지침서가 되기 위해서는 어떠한 제시 방법이 더 효과적일지는 각 나라와 교사의 요구를 충분히 고려하여 그에 맞게 구성되어야 할 것이다.

참고문헌 및 참고 사이트

1. 미국

1) 미국 전체

http://www.cde.ca.gov/ci/gs/

http://www.ncic.re.kr/nation.wdi.inventoryList.do?nationCd
=1013

http://www.nafme.org/opportunity-to-learn-standards-for-
music-instruction-grades-prek-12-2/

http://www.nafme.org/wp-content/uploads/2014/06/Core-
Music-Standards-PreK-81.pdf

2) 캘리포니아 주

http://www.cde.ca.gov/be/st/ss/documents/vpastandards.pdf

3) 콜로라도 주

http://sites.cde.state.co.us/sites/default/files/documents/coarts/
documents/music/music_standards_adopted_12.10.09.pdf

2. 캐나다(온타리오 주)

육아정책개발센터(2008). 캐나다의 육아정책: 유아교육과 보육 정책
을 중심으로. (신나리 · 조혜주 편역)

http://www.cicic.ca/docs/postsec/graphics/EducationSystem_
Canada.pdf

http://www.edu.gov.on.ca/eng/parents/generalinfo.html

http://ncic.go.kr/nation.wdi.inventoryList.do?nationCd = 1015

http://www.edu.gov.on.ca/eng/curriculum/elementary/kindergar-
    ten_english_june3.pdf

Friendly et al.(2008). Early childhood education and acre in
    Canada 2006.

3. 핀란드

육아정책개발센터(2009). 핀란드의 육아정책: 유아교육과 보육 정책
    을 중심으로. (이윤진·송신영 편역)

http://www.oph.fi/english/education_system

http://www.oph.fi/english/education_system/early_childhood_
    education

http://www.ncic.re.kr/nation.wdi.searchWorldInv.do?nationCd
    =1002&invNo=10000012

http://www.oph.fi/download/153504_national_core_curriculum_
    for_pre-primary_education_2010.pdf

http://www.oph.fi/english/education_system/early_childhood_
    education

http://www.oph.fi/english/curricula_and_qualifications/pre-primary
    %20_education

National Curriculum Guidelines on ECEC(2003).

http://www.oph.fi/download/153504_national_core_curriculum_
    for_pre-primary_education_2010.pdf

4. 영국

신은수 · 황은희 · 김다영(2012). 미국, 캐나다, 영국의 유아교육과정 내용체계 분석 연구. 사회과학연구, 17. 1-18.

육아정책개발센터(2007). 영국의 육아정책: 유아교육과 보육 정책을 중심으로. (문무경 편역)

1) 잉글랜드

   http://www.nfer.ac.uk/

   https://webgate.ec.europa.eu/fpfis/mwikis/eurydice/index.php/
      United-Kingdom-England:Overview

   http://webarchive.nationalarchives.gov.uk/20130401151655/
      http://www.education.gov.uk/childrenandyoungpeople/
      earlylearningandchildcare/delivery/education/a0068102/
      early-years-foundation-stage-eyfs

   Know-how materials

   Development matters in the EYFS

2) 웨일스

   https://webgate.ec.europa.eu/fpfis/mwikis/eurydice/index.php/
      United-Kingdom-Wales:Overview

   http://new.wales.gov.uk/dcells/publications/policy_strategy_
      and_planning/early-wales/whatisfoundation/foundation-
      phase/2274085/frameworkforchildrene.pdf?lang=en

3) 북아일랜드

   http://www.nfer.ac.uk/nfer/index.cfm?9B19C763-C29E-
      AD4D-0523-E50CBB9AE495

4) 스코틀랜드

http://www.scotland.gov.uk/Resource/Doc/257007/0076309.pdf

http://www.educationscotland.gov.uk/thecurriculum/
whatiscurriculumforexcellence/learningthroughoutlife/
index.asp

http://www.educationscotland.gov.uk/Images/all_experiences_
outcomes_tcm4-539562.pdf

5) 영국 전체

http://ncic.go.kr/nation.wid.inventoryList.do;jsessionid
=1464F680Bo1oE3DB5D17DCC2E0132ECo?nationCd
=1004

http://webarchive.nationalarchives.gov.uk/20130401151655/

http://media.education.gov.uk/assets/files/pdf/e/eyfs%20
statutory%20framework%20march%202012.pdf 교육부(de-
partment for education, 2012)

http://webarchive.nationalarchives.gov.uk/20130401151655/

http://media.education.gov.uk/assets/files/pdf/d/development
%20matters%20in%20the%20eyfs.pdf 교육부(department
for education, 2012)

5. 스웨덴

http://www.skolverket.se/polopoly_fs/1.179241!/Menu/article/
attachment/SVUS-Original-2012-EN.pdf

http://www.skolverket.se/om-skolverket/publikationer/visa-en-

skild-publikation?_xurl_=http%3A%2F%2Fwww5.skolverket.
se%2Fwtpub%2Fws%2Fskolbok%2Fwpubext%2Ftrycksak%2
FRecord%3Fk%3D2704

http://ncic.go.kr/nation.wdi.searchWorldInv.do?nationCd=1001&
invNo=10000012

http://www.skolverket.se/

http://www.skolverket.se/om-skolverket/andra-sprak-och-lattlast/
in-english/the-swedish-education-system/preschool/what-is-
preschool-1.72188

6. 노르웨이

http://www.regjeringen.no/upload/KD/Vedlegg/Veiledninger%20
og%20brosjyrer/Education_in_Norway_f-4133e.pdf#search
=music curriculum&regj_oss=1

http://www.regjeringen.no/upload/KD/Vedlegg/Barnehager/
engelsk/ Framework_Plan_for_the_Content_and_Tasks_of_
Kindergartens_2011.pdf

http://www.regjeringen.no/en/dep/kd.html?id=586 (노르웨이 교육
연구부 홈페이지) 'Framework Plan for the Content and Tasks
of Kindergartens' PDF 파일

7. 싱가포르

http://www.moe.gov.sg/education/

http://www.moe.gov.sg/education/landscape/

http://www.moe.gov.sg/education/preschool/

http://ncic.go.kr/nation.wdi.inventoryList.do;jsessionid=777CC
15146CA5272B4FB8DE361C27421?nationCd=1012

http://www.moe.gov.sg/education/preschool/files/kindergarten-
curriculum-framework.pdf

http://www.moe.gov.sg/education/preschool/ (싱가포르 교육부 홈페
이지)

8. 일본

http://www.mext.go.jp/english/introduction/1303952.htm

http://ncic.go.kr/nation.wdi.inventoryList.do?nationCd=1013

http://www.mext.go.jp/component/english/__icsFiles/afieldfile/
2011/03/07/1303013_002.pdf

http://www.mext.go.jp/component/english/__icsFiles/afieldfile/
2011/04/07/1303755_002.pdf

9. 홍콩

http://www.edb.gov.hk/en/edu-system/list-page.html

http://ncic.go.kr/nation.wdi.searchWorldInv.do?nationCd=1010&
invNo=10000012

http://www.edb.gov.hk/en/curriculum-development/major-level-
of-edu/preprimary/curr-doc.html

10. 호주

육아정책개발센터(2008). 호주의 육아정책: 유아교육과 보육 정책을 중심으로. (서문희 편역)

1) 호주 전체

http://www.ncic.re.kr/nation.wdi.inventoryList.do?nationCd =1013

http://www.australiancurriculum.edu.au/

- http://www.australiancurriculum.edu.au/Curriculum/Overview

- http://www.australiancurriculum.edu.au/the-arts/music/ Examples#F-2

- http://www.australiancurriculum.edu.au/TheArts/Rationale- Aims

http://www.acecqa.gov.au/national-quality-framework

http://education.gov.au/national-quality-framework-early- childhood-education-and-care

http://www.nfer.ac.uk/research/centre-for-information- and-reviews/inca/TP%20Curriculum%20review%20in%20 the%20INCA%20countries%20September2010.pdf

2) 빅토리아 주

http://www.education.vic.gov.au/childhood/parents/kindergarten/ Pages/earlystart.aspx

http://www.education.vic.gov.au/school/Pages/default.aspx

http://www.vcaa.vic.edu.au/Pages/foundation10/curriculum/ resources/arts.aspx

http://ausvels.vcaa.vic.edu.au/The-Arts/Overview/Introduction

http://ausvels.vcaa.vic.edu.au/The-Arts/Overview/Domain-
structure

http://ausvels.vcaa.vic.edu.au/Foundationlevel

http://ausvels.vcaa.vic.edu.au/Overview/Home

http://www.vcaa.vic.edu.au/Documents/auscurric/arts/apro-
aches/AusVELS_approaches_Music_F.pdf

3) 웨스턴오스트레일리아 주

http://det.wa.edu.au/curriculumsupport/k10syllabus/detcms/
navigation/the-arts/

4) 멜버른 선언

https://www.education.gov.au/melbourne-declaration-educa-
tional-goals-young-people

11. 한국

이영애 · 양지애(2012). 5세 누리과정 교사용 지도서의 음악관련 활
동 분석.

교육과학기술부 · 보건복지부(2013). 3~5세 연령별 누리과정 해설서.

12. 공통

국가교육과정정보센터 http://www.ncic.go.kr

함희주 · 승윤희 · 권덕원 · 정재은 · 최미영 · 문경숙 · 최은식 · 석문
주 · 정진원 · 오지향(2012).『세계의 학교 음악 교육과정』. 서울:
교육과학사.

찾아보기